交互式电子白板课件制作与应用

主　编　李海振　王桂荣　刘若涵
主　审　林海鹏

HEUP 哈尔滨工程大学出版社

内容简介

本书介绍了交互式电子白板的使用和多媒体课件制作的一些基本知识，并详细介绍了多媒体课件中的文本、图像、声音、动画和视频素材的制作。

本书共分6章，包括电子白板与多媒体课件设计基础、交互式电子白板的使用、多媒体课件美学基础、图像与文字素材的制作、声音和视频素材的采集与处理、Flash动画型素材制作等内容。

本书可作为高等院校计算机辅助教学与课件制作相关课程的通用教材，也可供广大教育工作者在使用交互式电子白板和制作课件时学习参考。

图书在版编目(CIP)数据

交互式电子白板课件制作与应用/李海振，王桂荣，刘若涵主编.—哈尔滨：哈尔滨工程大学出版社，2016.4(2019.6重印)

ISBN 978-7-5661-1247-7

Ⅰ.①交… Ⅱ.①李… ②王… ③刘… Ⅲ.①多媒体课件-制作 Ⅳ.①G434

中国版本图书馆CIP数据核字(2016)第076362号

选题策划 张晓彤
责任编辑 张忠远 宗盼盼
封面设计 语墨弘源

出版发行 哈尔滨工程大学出版社
社　　址 哈尔滨市南岗区南通大街145号
邮政编码 150001
发行电话 0451-82519328
传　　真 0451-82519699
经　　销 新华书店
印　　刷 北京中石油彩色印刷有限责任公司
开　　本 787 mm×1 092 mm 1/16
印　　张 9.75
字　　数 200千字
版　　次 2016年4月第1版
印　　次 2019年6月第2次印刷
定　　价 26.00元
http://www.hrbeupress.com
E-mail:heupress@hrbeu.edu.cn

前　言

交互式电子白板作为一种新型的信息化教学工具，具有极强的交互性，有利于教师和学生之间、学生和学生之间的互动学习，有利于推动信息技术与学科教学的整合。为了更好地使用交互式电子白板，提高教学水平、教学质量和教学效率，广大教师应掌握交互式电子白板的使用和多媒体课件制作技术。

本书围绕交互式电子白板的使用和如何制作多媒体课件这两大主题，深入浅出地介绍了交互式电子白板的使用和多媒体课件制作的一些基本知识，并详细介绍了多媒体课件中的文本、图像、声音、动画和视频素材的制作。

全书共分 6 章。第 1 章介绍了交互式电子白板与多媒体课件设计基础，包括交互式电子白板的应用，多媒体课件的特点、分类、基本要求、制作过程、环境要求。第 2 章介绍了交互式电子白板的使用，包括交互式电子白板概念、基本功能、技术原理、安装使用电子白板软件等内容。第 3 章介绍了多媒体课件美学基础，包括美学基本概念、美学在课件中的作用和表现手段，平面构图、色彩构成等内容。第 4 章介绍了图像与文字素材的制作，重点是 PhotoshopCS 图像处理软件的介绍，为图像和文字素材制作打下了基础。第 5 章介绍了声音和视频素材的采集与处理。第 6 章介绍了 Flash 动画型课件制作，包括图层、时间轴、帧、元件和实例等概念。

本教材的主要特色在于理论与实际的技术紧密结合，读者在教学理论的指导下能很快掌握课件制作的技术并能很快上手制作出符合教学规律的课件。

本书由李海振、王桂荣和刘若涵编写。其中，第 1 章、第 2 章由李海振编写，第 3 章、第 4 章由王桂荣编写，第 5 章、第 6 章由刘若涵编写。

由于作者水平有限，书中难免有错误和不当之处，敬请读者批评指正。

编　者

2016 年 4 月

目　　录

第1章 交互式电子白板课件设计基础

【概述】 本章介绍了交互式电子白板的应用特点和教学设计过程中需要的理论指导;主要介绍了课件的特点、分类、要求和制作过程,分析了交互式电子白板与PPT课件各自的优势。交互式电子白板和PPT课件在教学上的应用不是谁替换谁,而是发挥各自特有的技术优势,实现信息技术与课堂教学真正的最优化整合。

1.1 交互式电子白板应用概述

1.1.1 交互式电子白板应用与特点

黑板作为一种教学工具,已经使用了几百年。即使在信息技术高度发达的今天,黑板在教学中依然发挥着重要的作用,但同时也暴露了它越来越多的不足。当今,随着信息技术的发展,黑板的形式不断变化,先后出现了电子复印式白板、交互式电子白板。而交互式电子白板从某种意义上来说,就是一块“数字化黑板”。

在“数字化黑板”的演变过程中,还出现了多媒体投影教室,它与传统的黑板比较,克服了传统课堂教学的弊端,是一种新型的具有直观性、形象性和趣味性良好的多媒体课堂教学形式。但是,多媒体大屏幕投影教学也出现了许多缺陷,如教师端坐在主控台前操作计算机,影响教师肢体语言的发挥及与学生的充分交流;教师授课时只能演示预先组织设计好的固定内容,欠缺灵活性,无法像传统教学那样边讲解、边书写,尤其对需要大量推理的学科更显得不足;教师备课、做课件成了一个很大的负担,对于一般教师来说不仅要掌握很多的计算机专业知识,还需要掌握与课件制作相关的专业知识。由于上述多媒体课堂教学的缺陷,造成多媒体课堂教学很难与传统教学有机融合。为此,学校的课堂教学迫切地需要一种能集黑板和多媒体投影之所长于一身的“数字化黑板”。这样的“数字化黑板”,既能方便地引入和呈现数字化信息资源,又能根据需要随时调整内容;既能充分发挥教师的主导作用和个人魅力,又能增强师生参与教学互动。这样,一种新型教学设备——交互式电子白板就应运而生。

交互式电子白板充分利用了信息化教育的特点,在结合现代教学与传统教学特点的基础上,充分发挥了白板在教学中的作用,真正将信息化带进了普通课堂和日常教学活动中。交互式电子白板应用于教学具有如下特点:

①交互式电子白板系统与传统的教学方式结合非常紧密,完全符合传统的教学习惯,使用者可以自由地走动,无论是写板书,还是进行课件演示,或是对计算机的操控,都可以在白板上完成,不必局限于计算机控制台。

②教师在课堂教学中使用交互式电子白板,除了可以展示丰富的教学内容和即时注释外,还可以鼓励学生主动参与教学过程,不断完善教学内容,提高师生互动的有效性。

③教师可以在电子白板上直接进行板书,做教学内容批注,书写内容可以瞬间擦除。

④教师可以方便地利用电子白板本身所带的模板进行教学设计,可以方便地调用各种多媒体资源,如三角板、圆规、直尺、量角器等,使得教师在备课、制图等方面省时省力。通过网络功能,教师还能进行集体备课,充分发挥教师团队合作精神。

正是由于这些特点,很多学校将交互式电子白板引入到课堂中,并将交互式电子白板作为常规的教学工具。

1.1.2 交互式电子白板应用理论指导

1. 建构主义学习理论

建构主义学习理论强调以学生为中心,它不仅要求学生由外部刺激的被动接受者和知识的灌输对象转变为信息加工的主体、知识意义的主动建构者,而且还要求教师要由知识的传授者、灌输者转变为学生主动建构意义的帮助者、促进者和引导者。可见,在建构主义学习环境下,教师和学生的地位、作用与传统教学相比已发生了很大的变化。近年来,教育技术领域的专家们在构建主义学习理论的指导下,进行了大量的研究和探索,力图建立一套以学生为中心的、能与建构主义学习理论相适应的全新教学设计理论模型,尤其是建立一套基于多媒体和互联网的教学设计模型。这将对计算机辅助教学的理论和实践发展产生非常重要的影响。

近20年以来,把学生作为知识灌输对象的行为主义学习理论,已经逐步被把学生作为信息加工主体的认知学习理论所取代。随着心理学家对人类学习过程认知规律研究的不断深入,近年来,认知学习理论的一个重要分支——建构主义学习理论在西方逐渐流行。当前,国内外各级各类学校教学改革的关键在于能否打破传统的教学模式。这种“以教师为中心,教师讲、学生听”为特点的教学模式,既不能保证教学的质量与效率,又不利于培养学生的发散性思维、批判性思维和创造性思维,也不利于培养具有创新精神和实践能力的人才。为了改变这种状况,国内外的许多教育工作者、教育学家、教育技术专家多年来从理论与实践两个方面做了大量的研究与探索,建构主义理论正是他们研究与探索所取得的主要理论研究成果。随着多媒体计算机和Internet网络教育应用的飞速发展,建构主义学习理论正愈来愈显示出其强大的生命力,并在世界范围内日益扩大其影响。

建构主义学习理论的基本核心是"以学生为中心,在整个教学过程中由教师起组织者、指导者、帮助者和促进者的作用,利用情境、协作、会话等学习环境要素,充分发挥学生的主动性、积极性和创造性,最终达到对所学知识的意义建构目的。"建构主义学习理论强调以下几个方面:

①学生是知识意义的主动建构者;

②教师是教学过程的组织者、指导者,意义建构的帮助者、促进者;

③教材所提供的知识不再是教师传授的内容,而是学生主动建构意义的对象;

④媒体也不再是帮助教师传授知识的手段、方法,而是用来创设情境,进行协作学习和会话交流,即作为学生主动学习、协作式探索的认知工具。

因此,建构主义学习理论中的"情境""协作""会话"和"意义建构"被称为建构主义学习理论中的四大要素。学习的过程不再是被动接受的过程,学习环境中的情境有利于学生对所学内容的意义建构,是在真实世界的情境中建构知识,因此使学习变得更为有效。

2."活动理论"指导下的学习

活动理论是一个交叉学科,是研究在特定社会文化历史背景下人的行为活动的理论。它的基本思想是人的心理发展与人的外部行为活动的辩证统一。其源于康德和黑格尔的古典哲学,马克思的辩证唯物主义,维果斯基、列昂捷夫、鲁利亚等俄国心理学家的社会文化和社会历史观,并在心理学领域迅速发展壮大。我国活动理论的研究,可追溯至 20 世纪二三十年代陶行知先生的"生活教育"实验和陈鹤琴先生的"活教育"实验。经过几十年的探索,我国不少中小学在活动育人方面积累了不少的经验。20 世纪 90 年代初,原国家教委正式将活动课程纳入九年义务教育课程计划,活动及其认识发展得到了应有的重视,活动理论的研究和实践逐渐形成高潮。

活动理论是以"活动"为逻辑起点和中心范畴来研究、解释人的心理发生发展问题的心理学理论。它关注的不是知识状态,而是人们参与的活动,使用工具的本质,活动中合作者的社会关系和情境化关系,活动目的和意图以及活动的客体或结果。活动理论的假设与建构主义、案例教学、情境学习、社会认知具有一致性。将活动理论作为教学设计的新理论框架是近年来发展起来的,它可以提供一个清楚的操作架构,它以"活动"为分析的基本单位,指出任何活动都可以组成活动系统,如图 1-1 所示。

活动系统包括三个核心成分(主体、客体和共同体)和三个次要成分(工具、规则和分工),而次要成分又构成了核心成分之间的联系。

(1)主体

主体指在教学设计中的学生,是教学设计的执行者。活动理论中对主体的分

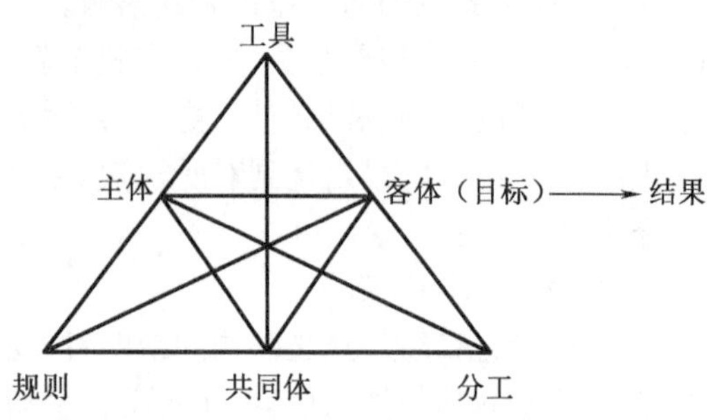

图1-1 活动系统结构图

析也就是对学习者的分析,应调查学习者具有的认知水平、情感、技能水平等特征。对学习者分析,有利于教学设计中给出合理的教学目标,组织更有效的教学活动,是后续工作的保障。

(2)客体

客体指在教学设计中的教学目标或学习目的,是主体通过一定的活动受到影响改变的东西。客体的分析与设计方向根据主体的情况因人而异,同时又要达到一定的要求,所以客体既具有主观性,又具有客观性。教学过程中的教学目标分析与准确定位,也是教学顺利,有效进行的前提。

(3)共同体

在教学设计中,活动理论的共同体指除学习者自身外其他共同学习者、教师、其他工作人员等。这里的共同体是指与学习者共同完成学习过程的参与者。共同体在整个过程中起重要作用,有时为引导,有时为参与,在进行学习活动过程中,共同体不断影响主体,为主体提供所需的资源或资助,所以活动有时为个体,有时属于共同体。

(4)工具

活动理论中的工具在教学设计中可以理解为教学环境,它包括教学过程中使用的硬件与软件的设计。活动理论认为人类活动是离不开工具的,学习也一样。笔墨纸砚是古代学习必备工具,教材、计算机等是现代学习需要的硬件工具,而和谐的同学关系、愉悦的心情、良好的网络等都是软件工具。良好的教学环境设计可以使学习效率事半功倍。

(5)规则

规则是用来协调主体与客体的,是教学活动过程中的一种制约、约定。例如,大多数情况下,学生要听从老师的安排,老师与学生互动时,二者必须保持某种关系,参加角色扮演时,参与者必须遵守对角色的安排等。

(6)分工

在教学过程中,不同的成员都要完成不同的任务。教师是教者,学生为学习者,教育技术人员做辅导人员。在活动理论中,完成活动过程是需要不同成员完成不同任务,以使活动可以正常进行下去。在教学中也一样,虽然根据教学需要,有些角色某些时候会发生变化,但每个人都要完成自己应该完成的任务,否则教学将不能良性地进行下去。

在教与学的过程中,学习就是学习者的"劳动",在学习过程中,学习者完成的学习活动就是对认识需要的获得与对外界环境的改变。所以在活动理论中对于教学范畴而言,"活动"即是教与学过程中的行为总和,是学生对知识认知与技能发展的总和。以活动教学为理论而设计的课程与以往的课程相比具有以下特点:

①贴近学生生活,有利于激发学习动机;

②强调主动探索,有利于深入认识;

③多种活动配合,全面实现教学目标;

④以师生共同活动为基础。

由此可见,在活动教学课程体系中,更注重以学生为主体,注重对学生综合能力的培养。在开展教学活动时,用交互式电子白板为活动学习的基础工具,以活动理论为指导。以"活动理论"为中心的课程架构模型,如图 1 - 2 所示。在课堂活动组织方式上,可以将大班级分成若干个学习活动小组,即组成几个人的学习共同体,学生通过分工合作完成探究学习任务。在课程教学设计中,注重学生的主体性,注重从学习活动中区分出学习的主要结构成分,即活动的需要、动机、任务、行动和操作,提倡学习及参与、合作和分享体验。总之,新时代的教育已向个性化、终身化方向发展,活动理论的灵魂与交互式电子白板的形式结合起来必将为教育带来一次革新,也必将能培养出更多具有创新精神和实践能力的人才。

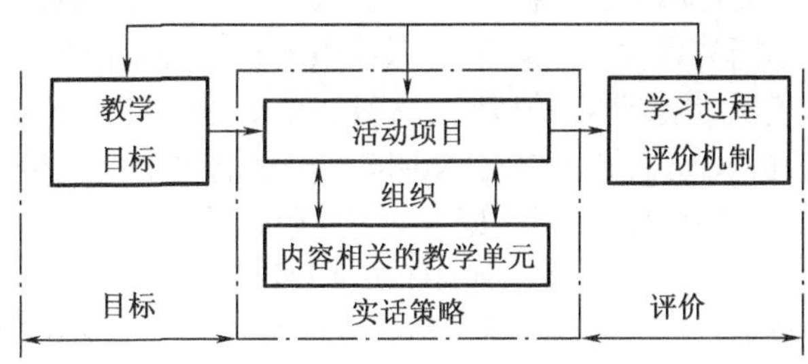

图 1 - 2 以"活动理论"为中心的课程架构模型

1.1.3 交互式电子白板与PPT课件的优势互补

交互式电子白板课件是指利用电子白板创建、保存文档的功能生成的电子白板格式的文件。交互式电子白板的文档分为不同的页面，在每个页面中可以插入图像、音频、视频和动画等资源。

交互式电子白板是一个积件平台，我们可以利用交互式电子白板的资源库建立积件库，每个教师都可根据自己的教学需要，利用资源库中的资源，生成自己的教学课件。这种方式生成的课件，在教学过程中，教师可以根据课堂需要动态地添加、删除或更改课件中的内容，学生也可以更改、充实教师原先的课件内容，真正参与到课堂中来，不管是教师对知识的理解，还是学生的回答，只要在交互式电子白板上操作，交互式电子白板系统都会自动储存这些宝贵的资料，从而生成每个教师每堂课的个性化课件，并且成为教师以后教学的重要资源。同时，交互式电子白板还具有动态输入功能和书写笔功能，使用者可直接在显示屏幕上进行书写、绘图等，这样会使课堂更加灵活和生动。

PPT课件是根据教学大纲的要求和教学需要，经过严格的教学设计，并以多媒体的表现方式和超媒体结构编制而成的课程软件。应用多媒体技术设计和编制的多媒体课件，具有综合处理图文声像的能力。它改变了传统教学中将知识信息仅以单一视觉或听觉表现的方法，使学生能通过多种感官获取知识信息，增强理解能力，提高教学效率。

PPT课件与交互式电子白板结合，以其特有的技术优势使信息技术与课堂教学真正实现最优化的整合，但是如何将PPT课件与交互式电子白板课件整合起来，使交互式电子白板在课堂教学中发挥最大效率，对教师来说是一次全新的挑战。PPT课件与交互式电子白板课件整合，从实现方式上主要包括以下两种。

①PPT课件与交互式电子白板课件并存，根据它们各自的优势在课堂教学的不同环节中使用不同的课件。例如，PPT课件用于导入，利用PPT课件声像并茂的特点烘托课堂的气氛，创设学习的情境。需要讲解时，把PPT课件演示在电子白板中，利用电子白板的荧光笔等功能具体讲解。通过这样的搭配使用，正好可以使PPT课件与电子白板课件优势互补，既发挥了PPT课件丰富对象切换效果的优势和电子白板课件灵活的课堂内容处理的优势，同时也弥补了它们各自的缺点。

②PPT课件融于电子白板课件中，电子白板课件可以插入SWF格式的文件，当需要用PPT课件表现教学内容时，可以设法用Flash制作课件，然后将其导入到电子白板课件中。通过这样的融合，就可以利用PPT课件功能上的优势弥补电子白板课件的不足。利用交互式电子白板的“交互性”可以在电子白板上操作任意课件，交互式电子白板对创设情境、开展互动教学创造了条件。交互式电子白板和

PPT课件可以在课堂教学中发挥各自的优势，取长补短，这样就可以优化课堂教学，提高课堂效率。

1.2　互动课件的设计

多媒体课件的开发流程大致可分为需求分析、教学系统设计、编写脚本、课件编制和调试与评价五个主要阶段，如图1－3所示，下面重点讲述互动课件的设计模块。

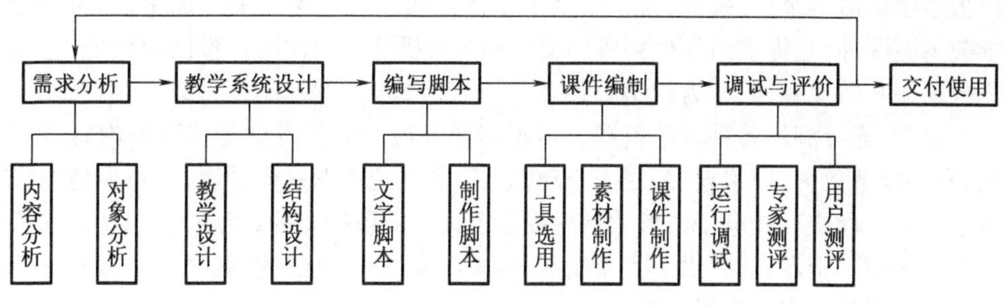

图1－3　多媒体课件制作流程图

1.2.1　互动课件的设计原则

所谓互动课件就是区别于演示型课件的、可以操作互动的多媒体课件类型。它最大的特点就是交互性，因此在课件制作过程中除了遵循教育性、科学性、技术性、艺术性和使用性五项基本原则之外，还应当注意以下几个方面。

第一，课件的制作需要一定的理论指导，包括学习理论、认知负荷理论和心理学原理等方面。不同的学习理论指导下的课件设计特点和适用性各不相同。例如，行为主义理论适用于强化练习型的课件设计，认知学习理论比较适用于模拟实验型的课件设计，而建构主义理论则倡导“以学生为中心”的课件设计。因此在课件设计的时候应该运用恰当的理论作为指导。本书所采用的主要指导理论有瑞格鲁斯的细化加工理论、活动理论以及建构主义理论等。

第二，在课件的设计开发过程中应当明确课件在教学过程中所要扮演的角色，它是教学的辅助工具，目的是为利用多媒体丰富的表现形式将抽象的教学内容形象化，提高学生对知识的理解和掌握。同时利用课件还可以增大课堂教学的信息量，充分调动学生的兴趣和积极性，提高教学效果。但是很多教师在设计课件的时候太过在意课件的技术与内容的丰富性，而忽略了其教学本质目的，太过花哨的无关信息不仅不会促进教学,还会对学生的学习造成干扰。尤其是基于电子白板的互动课件,设计不当则很容易将课堂演变为大家动手娱乐的体验课而达不到教学目的。

第三,基于电子白板的课件设计一定要充分发挥其交互性特色。根据 Moore 与 Hillman 的交互分类理论,交互分为学习者与学习内容、学习者与教师、学习者与学习者以及学习者与界面的交互四种类型,即通常所说的师生交互、生生交互和人机交互。如果在课堂教学中,只有教师在操作,学生没有机会或者很少到白板前操作,那么白板就失去了它的交互性,与传统黑板一样只起传播媒介的作用了。电子白板教学是对多媒体、黑板、粉笔以及书本知识四位于一体的集中运用,不同于传统演示型课件,它提供给师生更多的操作和实践机会。因此在课件的设计中,应当充分挖掘它的交互性,并为教学服务。

第四,充分利用各种教学资源。多媒体课件最大的优点就是将教学内容直观化,利用细节放大、模拟现实、变静为动以及图文并茂等形式多层次、多角度地阐释教学内容。而交互式电子白板软件中提供了大量的包括图片、视频、音乐及动画等在内的多媒体资源,还提供了大量的模板和工具,为教学游戏、巩固练习等教学活动的设计提供了丰富多样的素材。

第五,要注重课件操作的灵活性。教师不可能完全预测和掌握课堂中发生的每个突发情况,另外其他使用者在利用课件教学时也不可能对其中的教学内容全盘接收,因此课件的设计最好采用能够灵活操作的非线性结构。例如,树状结构,而不是顺序型的直线结构。这样使用者在利用课件进行教学的过程中可以根据需要进行内容的选择和跳转。树状结构还有利于教学过程中对学生的学习成果及时地进行检测与反馈。

第六,要注意课件的适用性。这里的适用性是指它突破时间和空间进行交流的共享性,所开发的课件不仅仅是适用于一堂课、一个老师,也可以作为共享资源为其他老师的教学提供支持。

1.2.2 互动课件的教学设计

教学设计的基本流程一般包括学习需要的分析、教学对象的分析、教学内容的分析、编写教学目标、教学媒体的选择与设计和教学评价。根据马杰(R. Mager)的教学设计理论(图 1 -4),教学设计是由教学目标的制定、达成目标的诸要素的分析与设计以及教学效果的评价所组成的有机整体。

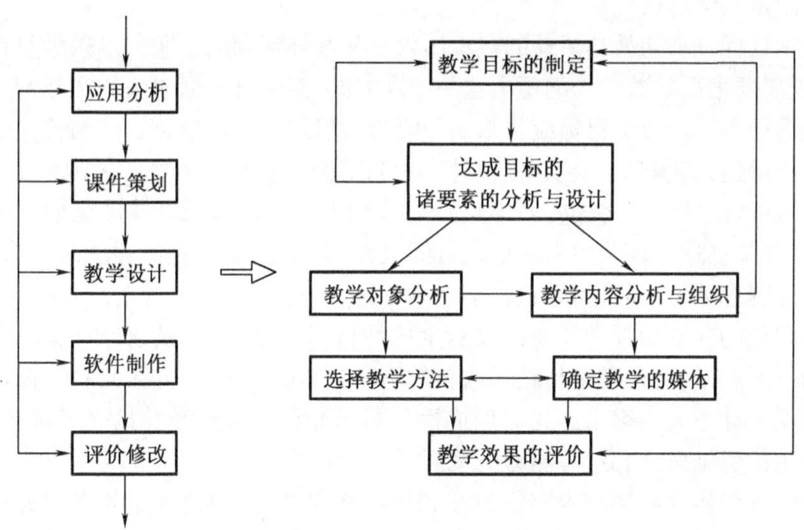

图 1-4　教学设计流程图

1.2.3　课程内容的选择与教学目标的制定

1. 选题

在课件制作之前，教师应该认真做好选题工作。因为互动课件的开发是一个比较烦琐的过程，需要教师投入比较大的工作量。为了避免不必要的投入，首先要根据课程特点，选择适合用电子白板进行教学的教学内容，即适合用多媒体课件进行教学的或者用交互式电子白板进行交互性操作支持的教学内容。有些教学内容适合采用传统的讲授法，利用文字语言就可以表达清楚，则不需要利用互动课件进行辅助教学。而有些抽象的知识通过课件中的声音、图像或动画视频等多媒体素材进行描述和展示，以及某些物理实验类的知识通过白板的操作可以使知识点变得更加直观、形象，有利于学生接受。例如，用量角器测量角的度数，教师可以拿着量角器在课堂上进行展示，但是会因为模具小等原因导致演示不清楚，通过电子白板提供的量角器工具，可以在白板上通过放大的、清晰的操作进行详细地讲解，还可以通过让部分学生到白板上操作其他同学观察的方式对测量方法进行纠正和巩固，可以达到更好的教学效果。

教学内容的选择必须符合教学大纲的要求，其知识量不宜过多，以免造成学生的认知负担，不利于知识的吸收；知识量也不能太少，使教学过程显得过于空洞乏味。

2. 制定教学目标

教学目标是一切教学活动的根本出发点和最终落脚点。在制定教学目标的时候，首先需要把握好教学大纲要求这一宏观方向，然后再根据学生的实际情况和课程特点进行编写。教学目标应从知识与能力、过程与方法、情感态度与价值观三个维度进行阐述，其表述必须明确、具体，并可以进行观察与测量。一节课可能有多个教学目标，这就需要将这些教学目标划分到不同的课时或者课件页面中分别完成，很多教师在这一环节中容易出现目标太大、太散等问题，由于教学环节太多，使得教学过程思路不清晰，而导致教学效果不好。

在白板的互动课件中还应该注意生成性目标的分析，生成性目标是随着教学过程的不断展开，通过学生与教学内容的不断交互而产生的，尤其是在以问题为中心的教学设计中尤为突出。忽略生成性目标可能会使课堂教学显得呆板单调，有碍于学生的思维发展和拓展能力的发展。

我们可以将这两部分内容作为标题页放在课件的开始，利用分组的方式进行有序的、区别于教学过程的呈现。

1.2.4 教学要素的分析与设计

根据马杰的思想，与教学目标相关的要素包括学习者、教学内容、教学方法与媒介几大部分。下面我们将进行简要讲述。

1. 学习者的特征分析

对学习者特征的分析是课件设计的前提。活动理论和建构主义理论中都指出，学生是整个教学过程的主体，因此这一环节十分重要。学习者的特征分析包括一般特征分析、初始能力分析和学习风格分析三种。一般来说，同年龄段学生的特征有很大的相似性。下面以低年级的学生为例进行分析。

低年级的学生具有强烈的好奇心以及求知欲，学习的动机很大程度上取决于对教学内容是否有兴趣，并且对知识的获取主要依赖于具体的事物和经验，而对抽象的概念和思维则相对薄弱。因此，教师在设计课件的时候可通过丰富多彩的图片、故事以及动画等激发学生的兴趣，利用一些多媒体素材或者游戏等将抽象的知识具体化、形象化，可帮助学生更好地理解和掌握知识。低年级的学生另外一个特点是好动、爱模仿，并喜欢接受肯定与赞扬。基于这一特点，教师可以充分利用白板的操作优势让学生在操作的同时完成教学，课件中添加“你很棒”的声音或者“鼓掌”的动画等交互，也可以及时对学生的表现做出反馈，提高其积极性。另一方面，低年级的学生的注意力比较薄弱，因为这个阶段的学生的无意注意占主要优势，因此教师在设计低年级的课件时应当尽量减少与教学无关的信息的干扰，不能一味追求花哨，而降低了课件的教学效果。

高年级的学生思维在抽象性和理论性方面有了更好地发展，不再满足于简单的图片展示与小游戏的课堂娱乐，他们对教学活动有了更高的要求，因此应该针对不同的学习者合理设计教学。

2. 教学内容分析

在进行内容分析之前，教师首先应该明确所选取教材的教学内容的特点，了解这部分教学内容在教学中的地位和作用。例如，本节课是新知识点的传授还是对以往知识点的复习。

另外，教师所选取的教学内容一般都来源于教材，由于不能将书本上的知识完全照搬到课件中。因此，对教学内容的分析还应包括对教材内容的提取和整合。

根据瑞格鲁斯的精细加工理论，教学内容的提取是指抽取出在教学过程中为完成教学目标所需要掌握的各个概念或知识点，并将其按照由易到难、由具体到抽象的顺序进行排序。复杂程度较高的、比较抽象难理解的知识即是平时所讲的教学重点和难点，需要通过多媒体技术将其形象化、直观化来辅助讲解。教师将所选的教学内容按照精细化教学的方法进行逐级地加工，使内容不断地深入、具体，直到达到所要求的复杂程度为止。将知识点按照层次递进的顺序进行组织和安排，有助于在教学过程中更加富有层次地实施教学。在这个过程中，需要注意所抽取的各知识点之间以及其与整体之间的联系。

1.2.5　教学方法与策略的选择

现代的教学理念强调学生、教师、教材及环境四个因素的有机整合，因此教学方法与策略要综合这几个因素进行选择。常用的课堂教学方法与策略有讲授法、讨论法、演示法、实验法和合作学习法等。结合电子白板的优势，教师常采用发现法、情景教学和合作学习的方法等进行。其共同的特点是注重情境的创建和教学中的合作交流。

1. 情境的创建

建构主义理论认为学习者是意义的主动建构者，而教师的作用是为学生提供帮助和指导，而不是直接将知识传授和灌输给学生。因此，在教学过程中应当注意情境的创建，以引导学生主动的探索和学习知识。情境创建的方法有很多种，例如语言描绘、角色扮演、教学游戏和音乐欣赏等。在交互式电子白板软件中提供了丰富多样的多媒体素材，可以充分利用它们为创建情境服务。

第一种方法是通过图画再现情境。利用图片展示与语言描述相结合来创建故事化的情境。在图片出现的同时，老师伴以语言的描述，可以有效地提高学生的感知效应，使情境更加鲜明、逼真。这种方法常用于低年级的课堂教学中。图片在交互式电子白板软件中的呈现并不是单一呆板的，白板中提供的橡皮擦工具、屏幕遮罩等,可以使静态素材的展示变得生动、富有层次感,另外一个非常实用的工具就是魔术笔,其聚光灯功能可以瞬间地吸引学生的注意力。

第二种方法是通过声音、音乐渲染创建情境。声音可以增强所创建情境的真实性,利用它独特的节奏和旋律,可以将学习者带到特有的意境氛围当中。例如,四年级的语文课文《观潮》,老师通过在课件中播放潮水的声音,配合课文的朗读,给学生以身临其境的感觉。但是将声音运用到教学中必须要注意声音在教学中所产生的无意注意的副作用,长时间的音乐效果会使学生产生听觉疲劳,造成认知负担。因此,要恰当地运用声音。

交互式电子白板软件中,可以将声音附加到图片上,包括音效、歌曲和对话等。其具体的操作方法是选择希望附加声音文件的对象,然后从对象的下拉菜单选择"声音",在弹出的"插入声音"对话框中输入附加到对象的声音文件的名称,可以通过对话框中的"播放"按钮预听文件是否正确,并选择点击角图标或对象来启动声音。歌曲也是在教学活动中使用声音的有趣方式,可以为包含歌词的文本对象附加一段歌曲。学生可以在读或唱交互式电子白板软件页面显示的歌词时听和模仿所附歌曲。

创建有意义的情境,有意义的情境一定是与教学内容紧密关联的、诱导学生思路的。很多老师在课件的制作中运用到了情境,但不是所有情境的创设都是促进教学的,有的难免是形式主义。在课件制作的过程中需要根据学生的特点、教学内容特点等因素合理地创设不同的情境,如问题情境、游戏情境等。教师可以利用文本、图片、动画、视频和声音等素材灵活搭配进行情境的创建。

2. 合作学习

通过让学生主动合作学习的方式来代替教师为主导的讲授,这不仅可以充分利用学生的求知欲,更好地培养学生的思维能力和探索能力,而且还可以在学习过程中培养学生的沟通和交流能力。合作学习的方式包括问题式合作、讨论式合作、表演式合作、论文式合作和学科式合作五种。例如,表演式合作学习常用于语文和英语的教学中,通过让学生分角色的朗读或表演课文来实现。教师可以利用课件来进行示例的演示或者情境的模拟,还可以通过课件创建问题情境或者提出一项任务,然后让学生分组完成,并利用白板的可操作性特点,通过让个别小组进行演示,其他小组评价的方式完成教学。

各种教学方法在课堂教学的过程中并不是孤立的,教师可以选取多种方法合理配合,以达到教学效果的最优化。

1.2.6 教学活动的设计

现在的课堂已经不再是以往教师一个人讲而学生机械式地吸收知识点的填鸭

式教学，学生已成为了课堂的主人、教学的主体，在课件的设计和制作中应该遵循这个原则，充分考虑到学生的主体地位，因此可以促进学生参与性的教学活动的设计是十分重要的。无论是学生的自主学习活动还是合作学习活动的设计都要充分考虑到参与性，考虑引导学生进行自主探究或者小组合作学习，促进师生之间的交流。另外，还可以结合白板的可操作特点让学生参与动手实践，巩固所学知识。例如，在数学课堂上教师可以利用白板提供的三角尺工具在白板上演示画角的方法步骤，并让学生进行体验，由此达到促进知识点掌握的效果。

此外，反馈活动的设计也很重要，可以在每个知识点后面添加一定的小练习来测试学生对知识点的掌握程度。白板图库里提供了大量的模板，可以轻松地设置选择题、匹配题等多种练习，不仅可以检测学生的学习效果，还可以增强学生的参与性和学习兴趣。教师可以在课件中添加声音、图片或者动画等对学生的表现进行反馈，增强师生互动。

教师可将课程的教学活动设计写入脚本之中，为课件的制作做准备。脚本模板见表 1－1。

表 1－1　脚本模板

页面编号	教学环节	教师活动	学生活动	设计意图	设计画面效果	白板使用说明
1						
2						
…						

1.3　互动课件的界面设计

教学课件在完成教学任务的同时还要具备一定的艺术性。因此，课件设计时要考虑一定的艺术性，尤其是其界面的设计，要简洁美观。

首先，课件的色彩的选择。色彩的选择影响人的心理，课件中的背景色，一般采用素淡清雅的色彩，高亮的色彩容易使学生的眼睛产生疲劳，而花纹复杂的图片不利于文字性知识点的展示，而且易分散学生的注意力。色彩的搭配最好采用相邻色，如绿色和蓝色、红色和黄色等。适当的使用对比色可以突出重点，产生强烈的视觉效果，吸引学生的注意力，但一个页面中颜色不要太多，否则也会分散学生的注意力。

其次，课件字体的设计。课件制作中对字体没有硬性规定，但是所用的字体应遵循以下两个原则。第一，颜色与背景色合理搭配，既要美观，还要醒目突出重点。

几种常用的文字和背景色的搭配有黄色和黑色、白色和蓝色、白色和绿色等。第二，字体的大小也要遵循标题醒目、内容清晰的原则，标题可以用图形来表示。教师可以在属性标签中编辑文字与图片的格式，包括颜色、透明度与填充效果，线条颜色、宽度与样式，文本的字形、字号与字体以及对象的动画设置。

再次，画面内容的合理布局。课件要图文并茂，相得益彰。文字和图片具有一种相互补充的视觉关系，两者结合既可使页面变得生动，又可增加信息量。

最后，链接与导航清晰。教师可以利用主动对齐的方式排列页面中的导航或链接图标，以提高页面的清晰性和有序性。

第2章　交互式电子白板的使用

【概述】 本章主要介绍了交互式电子白板的概述、基本功能和技术原理,让读者对电子白板有一个全面基本的认识;通过科大电子白板软件,介绍电子白板的安装、启动和定位;通过介绍科大电子白板应用软件,让读者学会如何使用电子白板软件组织教学内容和制作课件。

2.1　交互式电子白板概述

2.1.1　交互式电子白板简介

随着计算机技术、多媒体信息技术在教育领域的快速发展,学校的教学模式、教学手段等也在悄然发生着改变。

20世纪90年代中后期,以计算机、投影仪等为主的多媒体教学工具日益普及,将文字、声音、图像及视频等多媒体信息整合为一体的多媒体课件走进了课堂。此类多媒体系统虽然能够弥补黑板无法显示数字化信息这一缺陷,但它还是不能够完美地实现信息技术和日常课堂教学的有机整合,把教师束缚在计算机的周围,限制了教师与学生们之间的互动。然而交互式电子白板技术的出现解决了这一问题,并逐渐成为课堂教学信息化的主流,教学工具的改进、教学方式的创新在提高学生学习的积极性、主动性,推动现代教育技术的发展和进步方面起到了十分重要的作用。教学工具从黑板发展到白板,从白板发展到电子白板,再从电子白板发展到交互式电子白板,经过不断的创新与改革,交互式电子白板已经成为信息化教育最有力的辅助工具。

交互式电子白板是一种先进的教育或会议辅助人机交互设备,可以与计算机进行信息通信,将电子白板连接到计算机,并利用投影机将计算机上的内容投影到电子白板屏幕上,在专门的应用程序的支持下,可以构造一个大屏幕,如图2-1所示。利用特定的定位笔代替鼠标在白板上进行操作,实现无尘书写、随意书写,还可以对文件进行编辑、注释、保存等。

交互式电子白板是近年来新兴的多媒体教学设备,它将电子交互白板、计算机技术和课堂教学有机地整合起来,实现了人人之间、人机之间以及以教学应用为主的资源和资源之间的交互,改变了教学内容的呈现方式,也带来了课堂教学方式的

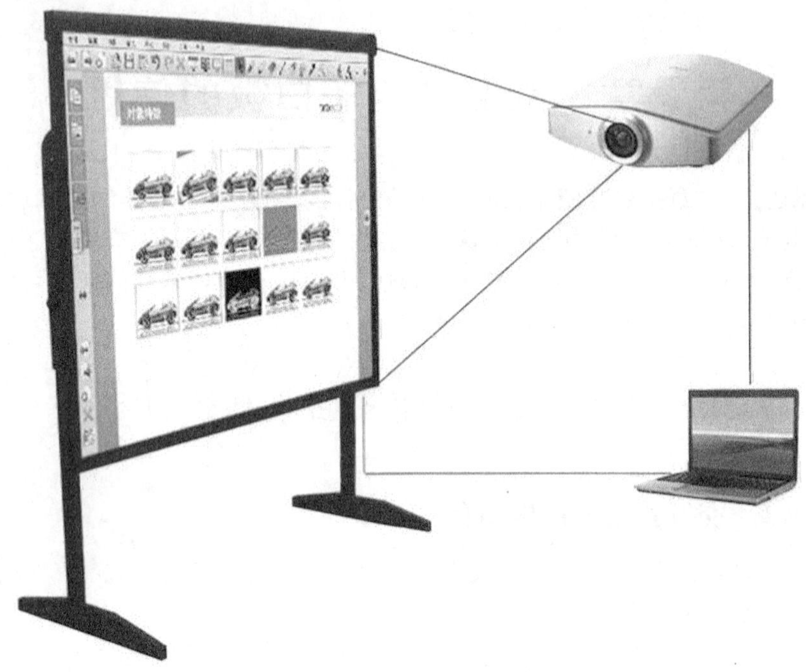

图 2 -1　电子白板应用系统

巨大变革。

交互式电子白板具有如下基本功能。

①书写、批注与绘画功能:用于讲授者和参与者之间的交流。

②编辑与交互控制功能:可以在电子白板上直接编辑文件和与计算机进行实时交互控制操作。

③重点强调功能:使用聚光灯、拉幕、放大镜等,强调重要信息。

④备课与记录存储功能:对于 Office 文档及 PDF 文档直接进行注解和修改,屏幕捕获,可以记录存储。

⑤资源库功能:提供大量的软件资源和网站资源。

⑥无限页书写与多字体识别功能:不用擦白板,板面无限长,手写字可以转化为标准字体。

交互式电子白板是多媒体教学系统中重要的组成部分,真正地实现了白板与计算机、教师与学生之间的双向互动,使得教学这一单调的单向传授过程变得充满活力。通过交互式电子白板,老师既可以像在传统的黑板上一样进行书写勾画,又可以实现多媒体教学,从而实现了教师与学生的互动。

交互式电子白板使师生之间的交流变得十分方便。操作者使用白板笔在特制的电子白板屏幕上就能够控制计算机,进行相应的操作,不再将用户束缚在计算机系统的周围。交互式电子白板在教学中具有以下优势。

1. 教学资源展示的多样性

电子白板技术能够方便地引入多种类型的数字化信息资源,如视频、图像、音频等,并且能够对这些多媒体信息进行有效的组织、整合和控制。它能够灵活地将数字化资源呈示在学生面前,解决了传统的多媒体投影教学中使用幻灯片和课件等教学材料、结构比较固定的问题。在传统的黑板教学中,在黑板上仅能呈现手写文字和手绘图形,当采用交互式电子白板教学后,老师既可以像传统的教学一样自由书写,又能够编辑、展示图片、视频等多媒体材料,大大提高了学生的学习兴趣。

2. 教学展示过程的可控性

交互式电子白板的应用,使得教学过程中教师对计算机的操作访问更加方便,教师不必拘束于计算机前,而是对电子白板进行操作,就能对计算机中多媒体教学素材的展示进行有效的控制。因此在课堂教学中,交互式电子白板的应用能够充分发挥教师的身体语言,同时避免了教师在黑板与计算机之间往返走动分散学生的注意力。

3. 教学信息的即时存储

交互式电子白板能够即时存储教学过程中板书内容。在教学过程中呈现在电子白板屏幕上的文字、图形、图像都能够保存到存储设备中,以备他用。存储下来的教学内容有利于学生的学习、复习以及老师之间的交流。

互动性是交互式电子白板受到广大消费者青睐的主要原因。交互式电子白板能够使用户直接在电子白板屏幕上自由灵活地操作计算机,调用计算机中的教学资源,然后通过投影机将计算机屏幕上的内容反映到屏幕上。也就是说,交互式电子白板能够直接通过电子白板屏幕实现对计算机程序系统和文件的操作控制,包括对 PowerPoint,Word,Excel 等文档及各种格式的图片进行修改、批注以及保存。

2.1.2　交互式电子白板的分类

交互式电子白板系统融合了大屏幕投影技术、坐标转换算法、精确定位的测试技术等。从工作原理上来讲,交互式电子白板是系统的主体,它既是感应笔书写与操作的界面,又是计算机的显示器和投影器的幕布。感应笔具有书写笔和计算机鼠标的双重功能,笔尖可以在白板上书写,同时笔尖相当于鼠标左键,可以单击和双击,笔筒上的按钮相当于鼠标右键。计算机显示屏上的内容可以通过投影机投射到白板上。当感应笔在白板上书写或操作时,通过红外扫描以及白板与计算机之间的馈线将数字信息输送到计算机中,并迅速通过投影机投射到白板上呈现出来,从而实现交互式白板的各类基本操作。

按照不同的定位原理,现阶段电子白板大体可以分五类:电磁感应式、电阻式、红外式、超声波式和 CCD 式。下面分别对这几类电子白板的定位原理及特点进行介绍。

1. 电磁感应式

电磁波的一个特点是可以穿过空气或者绝缘物体进行辐射传播、电磁感应式电子白板根据电磁波的这种特点,采用一种发射固定频率电磁波的电磁笔。当电磁笔接近纵横两个方向绕制的板芯线圈时,根据法拉第电磁感应定律,闭合线圈的磁通量发生了变化,变化的磁场产生电场,从而使电磁笔接触的位置通过电动势的变化反映出来,通过特定的计算方法即可获得笔所在的 X,Y 的坐标。电磁式电子白板定位原理,如图 2-2 所示。

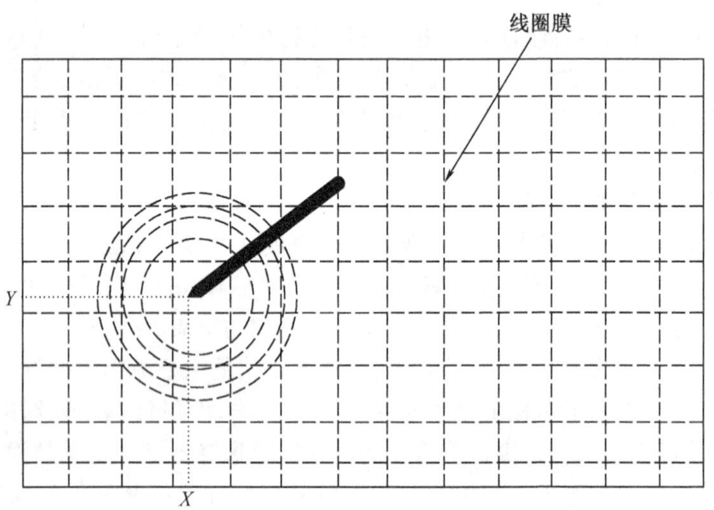

图 2-2　电磁式电子白板定位原理图

电磁感应式电子白板的优点:

①定位准确,书写更精确;

②书写过程中笔尖有压感,即根据书写的轻重不同,笔迹的粗细会不同;

③显示区域的均匀度较好;

④反应速度快,教师书写便利,符合实际教学;

⑤因其使用电磁感应,板面不怕划伤;

⑥可实现超大面积的板面制作;

⑦产品技术成熟,市场价格较低。

电磁感应式电子白板的缺点:

①必须使用专用笔才能书写,不能做触摸操作;

②怕强电磁干扰,如高压电。

2. 电阻式

电阻式电子白板的基本结构由几层膜构成,即水平线电阻膜、垂直线电阻膜、导电膜和水写膜等。其基本工作原理是在电阻膜上加一个固定大小的电压,在没有作用力加在它上时,导电膜和电阻膜不接触,这时,没有电压显示变化,故没有定位信息反馈。当在电阻膜上的一点施加一个作用力时,导电膜和电阻膜相接处,就会有电压显示,且这个电压的大小与按压点的坐标有关系,根据它在水平、垂直方向上的电压大小,用一定的算法即可求出按压点的具体坐标。电阻式电子白板技术原理,如图2-3所示。

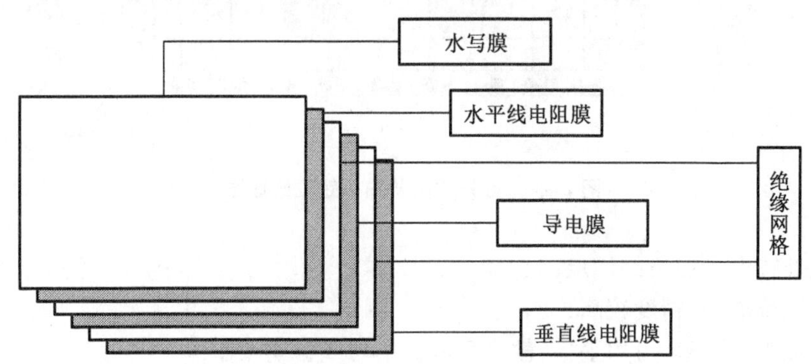

图2-3 电阻式电子白板技术原理

电阻式电子白板的优点:

①定位相对准确;

②无需专用笔,可做触摸操作。

电阻式电子白板的缺点:

①书写较吃力,力度不够字迹显示不出来;

②怕划伤,一旦中间出现划伤整块板就可能不能用了;

③反应速度较慢无法快速书写;

④较难实现鼠标右键功能,对计算机操作较困难;

⑤价格昂贵。

3. 红外式

白板四周上下左右四条边分别安装有红外发射管和与之对应的红外接收管,X

和 Y 方向上会连续不断地有扫描信号探测，一旦有阻隔物遮挡住发射管和接收管之间的光路，就会产生定位信息。如图 2－4 所示，当用户使用挡光的笔或直接用手接触到电子白板的界面时，发射管到接收管之间的光路就会被遮挡住，光信号的改变会引起光探测电路输出变化的电信号，经过处理最后变成定位信息。

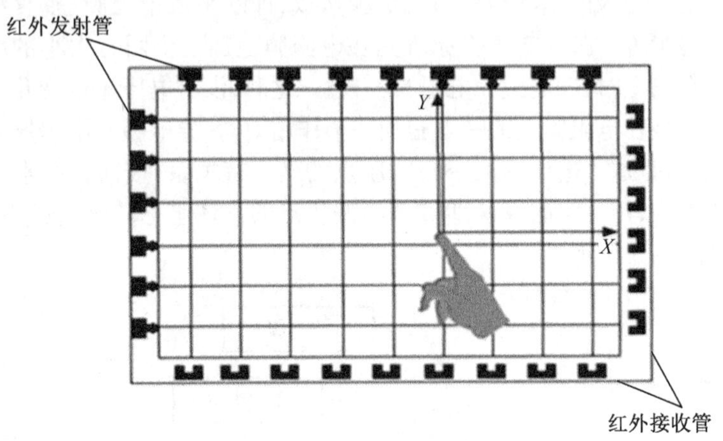

图 2－4　红外式电子白板定位原理图

红外式电子白板的优点：

①定位准确、精度较高；

②无需专用笔，可用手指、教鞭等进行书写或触摸操作；

③可实现多点触摸；

④不怕划伤，即便板中有任何划伤也不影响操作使用。

红外式电子白板的缺点：

①无压感反应；

②可能受强红外光、灰尘、温度的影响；

③使用寿命较短，3～5 年；

④反应速度慢，不适于快速书写。

4. 超声波式

超声波在空气中的速度为 340 m/s，此类型的电子白板就是根据超声波从发射到接收之间的时间差来定位的。如图 2－5 所示，在屏幕的两边放置两个超声波接收器，电子白板的专用笔是超声波发射器，它发射出的超声波会被图中所示的两个信号接收器接收到，由于超声波的传播速度较慢，专用笔发出信号到接收器接收到信号需要一定的时间，由时间可以计算出接触点到接收点的距离。利用简单的三点定位的原理，即已知三角形两个点的位置及三条边的边长，可以算出第三点的位置。

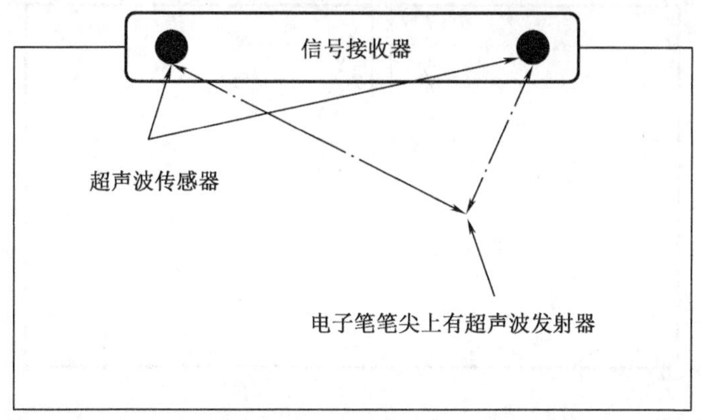

图 2－5　超声波技术原理示意图

超声波式电子白板的优点：

①定位相对准确；

②适应性强，可在不同面积的设备上使用。

超声波式电子白板的缺点：

①定位精度不均匀；

②受温度影响较大；

③需用专用笔书写。

5. CCD 式

在电子白板的一侧装有一个红外发射器和两个 CCD 线阵探测器，位置如图 2－6所示。在白板的其他三边分别安装具有很好反射性的反射膜。当表面没有遮挡物的时候，CCD 线阵探测器检测到的是一条完整的光带；当有物体遮挡住显示区域内的光路时，CCD 线阵探测器会检测到没有反光区域的光带，根据对应的区域计算出遮挡物在白板上的坐标。

CCD 式电子白板的优点：

①板面不怕划伤；

②可以手触操作，多点同时操作。

CCD 式电子白板的缺点：

①易受外界因素影响，如强光、温度、灰尘；

②任何物体碰触板面都能操作，容易误操作。

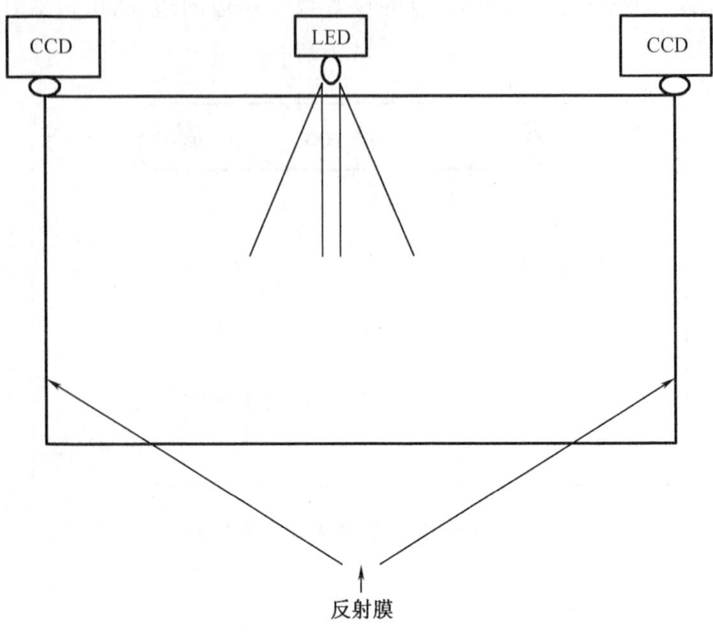

图 2－6　光学电子白板技术原理

各种类型交互式电子白板的技术对比见表 2－1。

表 2－1　技术对比表

技术方式	电阻式	电磁感应式	红外式	超声波式	CCD 式
基本传感方式	面	面	线	点	点
触摸操作	0	*X*	0	*X*	0
专用笔	*X*	0	*X*	0	*X*
手势识别	0	*X*	0	*X*	0
矩阵扫描方式	0	0	0	*X*	*X*
表面覆膜	0	0	*X*	*X*	*X*
使用耗材	*X*	电池	*X*	电池	*X*
使用寿命	中	长	中	中	中
响应速度	慢	快	中	中	快
多级压感	0	0	*X*	*X*	*X*

表 2-1(续)

技术方式	电阻式	电磁感应式	红外式	超声波式	CCD 式
主材料	电阻膜	带线圈的板体	红外发射接收 LED	超声检测器	光检测器
教鞭操作	0	0	0	X	0
定位算法依据	X,Y	X,Y	X,Y	距离	角度
定位精度算法	模拟电压计算	插值计算	插值计算	距离换算	角度换算
显示区域均匀度	一致	一致	一致	近优远差	近优远差
市场比例趋势	下降	平稳	平稳	下降	少
环境影响因素	划伤	电磁波	强外红外光、灰尘	强噪声和温度	强光、温度、灰尘
背投影模式	差	X	好	好	好
同类技术	触摸屏	数字画板	触摸屏	测距仪	扫描装置
超大面积	难	易	难	易	易

2.1.3 交互式电子白板的应用

交互式电子白板主要应用在教育领域和企业培训领域。近年来,随着科学技术的发展和多媒体教育的普及,交互式电子白板的应用领域在不断扩大,包括军事、金融、科学研究、远程医疗、工程、项目设计、政府、媒体等各种行业的会议讨论、培训、宣传、展览和演示活动。具体归纳为如下几方面的应用。

1. 课堂教学

交互式电子白板主要的应用是面向大、中、小学与幼儿教育的课堂教学和远程教学。它具有直观、易操作、资源利用便捷、动态存储回放、师生互动性强等优势。交互式电子白板不仅整合了现代多媒体系统的优势,拥有强大的资源利用能力和智能控制能力,而且具备了传统教学媒体(粉笔 + 黑板)及时批注、修改等功能,教师不必经过复杂的培训就能在教学中较为顺利地使用。正是由于这些特点,交互式电子白板必将在以后的各类教育教学中得到广泛的应用。

2. 职业培训

交互式电子白板在各种职业培训中有很多应用。例如,可用于会议讨论、商务培训以及广告宣传、产品或项目的展览、演示。在商务和展览活动中进行发布信息、产品介绍、高新技术项目的应用推广等活动时,交互式电子白板可以代替投影幕;在播放课件的同时交互式电子白板可进行注解、书写、保存、制作网络文件,培训者可以专注于聆听和思考,不必抄录培训内容,演讲者的注解和操作都可同时被记录保存下来。

3. 远程会议

利用交互式电子白板进行远程会议,有助于政府机关、企业集团进行虚拟现场会议,在会议室中通过网络连接,利用交互式书写屏系统在异地进行共享数据和实时板书,再与专业视频会议系统结合,更能成为全面的会议系统,与会议各方可以将书写屏内容实时传递到各地,方便会后整理、传阅,有效地提升了会议质量,节省开支,提高了工作效率。

4. 医疗应用

交互式电子白板对远程医疗会诊、医患双方沟通及讨论有很大的帮助。随着医学科学技术的发展,医学领域对多媒体信息化的要求不断提高,在基础医学与临床医学等方面,交互式电子白板发挥着独特的重要作用,为我国医学的发展提供了一个直观、便利的交互平台。

5. 大众传媒

由于交互式电子白板的互动展示功能有其强大的影响力,在新闻媒体、展览活动和信息发布中可以更生动直观地解释要说的内容,如中央电视台新闻频道的“朝闻天下”栏目曾使用交互式电子白板播报新闻。

6. 军事指挥

利用交互式电子白板有助于军事指挥,包括多媒体会议、参谋作业、应急指挥、军事分析和军情讨论,使指挥员能够及时掌握战场信息,以迅速做出决策或评估。

2.2 交互式电子白板的安装与使用

下面以科大电子白板为例,说明交互式电子白板的硬件连接与软件安装。

2.2.1 硬件连接

交互式电子白板的硬件连接如图 2 - 7 所示,计算机连接交互式电子白板只要一根 USB 数据线,将数据线连接到计算机的 USB 接口和交互式电子白板接口上就可以了,无需外接电源。数据线的两端接口安装好后,交互式电子白板的指示灯为绿色。若指示灯不亮,则说明数据线未连接上;若指示灯为红色,则连接不牢靠。

计算机连接投影机使用 VGA 接口,连接好后需要调整投影机,让计算机的画面正好布满在交互式电子白板上,和传统多媒体教室的投影调节操作一样。对于电磁感应式和超声波式电子白板,需要在电子笔内安装上一节 7 号1.5 V电池。

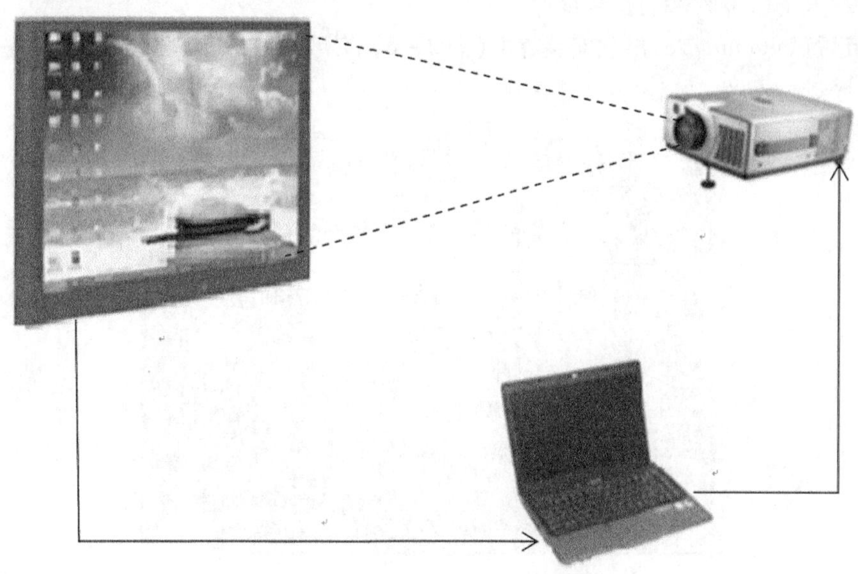

图 2－7　交互式电子白板的硬件连接图

2.2.2　软件安装

软件所需运行环境为 Windows2000 以上(包括 Windows2000,Windows XP 和 Windows7)。

1. 软件所需硬件环境

(1)最低配置要求

CPU:PentiumⅢ 800。

内存:128 MB。

硬盘:20 GB。

显存:32 MB,有 USB 接口。

(2)推荐配置要求

CPU: Pentium 4 2.4。

内存:512 MB。

硬盘:80 GB。

显存:独立 128 MB,有 USB 接口。

2. 电子白板软件的安装步骤

运行 autorun. exe,出现安装界面(图 2 – 8),依次点击 USB 驱动、定位程序、应用程序进行安装。

图 2 –8　电子白板安装界面

2.2.3　USB 驱动的安装

USB 驱动正确安装后,连接 USB 线,在“控制面板”→“系统管理器”→“通用串行总线控制器”下会出现 USBXpress Device 项。如果该项被打叹号或问号,说明驱动安装有误,请重新安装驱动。

2.2.4　定位软件的启动与定位功能

1. 启动白板定位软件

定位程序安装后,桌面会有 KD_Server 图标,启动定位程序,任务栏中出现电子白板图标。如果电子白板正常工作,图标不闪烁;如果图标一直闪烁,说明 USB 连接不正确,请检查 USB 线路。运行定位程序后,电子白板才能使用。

2. 白板软件定位

为了让电子笔精确地控制计算机,交互式电子白板需要定位,并在以下三种情况发生时均要定位:

①第一次安装驱动并连接白板时;

②白板与投影之间相对位置发生改变后;

③卸载软件后重新安装或计算机系统重装后。

具体操作过程是在计算机、交互式电子白板和投影机连接好的情况下(白板驱动安装完毕，定位软件正常启动），点击定位程序图标，在弹出菜单中点击定位。白板上会出现红色的十字图案，用电子笔准确点击依次出现的 9 个十字图案的交叉点（注意：定位时，笔要尽量垂直于板面，点击错误则重新启动定位），从而使交互式电子白板识别到计算机图像的确切位置，定位结束后会自动退出定位界面。定位完成后，在电子白板上会看到电子笔点击的位置与鼠标箭头位置重叠。

2.3 科大电子白板的基本功能介绍

2.3.1 交互式电子白板的三种工作模式

交互式电子白板一般具有控制模式、注解模式和窗口模式三种工作模式。

1. 控制模式

在控制模式中，交互式电子白板就如同计算机的一个触摸屏幕一般，使用者可以通过操作电子笔在交互式电子白板的板面上直接操作控制计算机，其操作与鼠标所完成的操作具有完全相同的功能。例如，使用电子笔在交互式电子白板上点击一次，相当于按下鼠标左键一次。当要执行鼠标右键操作时，可以让电子笔靠近交互式电子白板的板面，注意不要接触电子白板的表面，按下电子笔上的按钮即相当于单击鼠标右键的操作了。

进入控制模式的方法有两种：

①任何模式中，均可以通过点击交互式电子白板的面板功能键中的“控制模式”按钮 即可进入控制模式；

②在窗口模式中，也可以通过点击窗口右上角的“最小化”按钮进入。控制模式时的屏幕显示如图 2－9 所示。

图 2－9 控制模式时的屏幕显示

图2-9中的屏幕右侧显示的是交互式电子白板的浮动工具条,屏幕左侧显示的是浮动工具条位置移动按钮 ,点击该按钮,可以将浮动工具条移动到屏幕的左侧或右侧。在浮动工具条下端,点击 MENU 图标则显示出二级工作菜单,如图2-10所示。

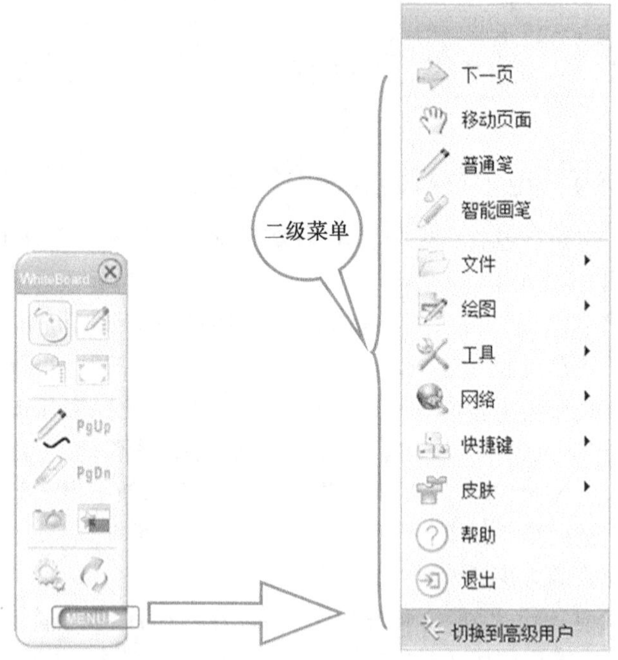

图2-10　控制模式下 MENU 菜单下的二级工作菜单

二级工作菜单中,“文件”“绘图”和“工具”菜单是三个最常用的菜单。其中,“文件”菜单主要支持使用者对交互式电子白板文档进行保存和处理等;“绘图”菜单主要支持使用者在交互式电子白板上完成书写和绘画等功能,并提供了普通笔、毛笔、荧光笔、排笔和纹理画笔、魔术笔等笔型,以及手写识别和多种几何图形的手绘功能等;“工具”菜单主要为使用者提供各种交互式电子白板的常用功能,如放大镜、探照灯和照相机等功能。

2. 注解模式

注解模式为使用者提供了一种可以在交互式电子白板上任意书写的使用模式。在注解模式中,使用者不仅可以利用电子笔在交互式电子白板上所创建的空白页面上进行书写、标注、绘图和任意擦除,还可以直接在各种电脑软件运行的屏幕界面上进行书写。例如,可以在 Flash、视频文件播放的同时,在交互式电子白板的板面上进行书写和标注。

标注的笔型具有普通笔、毛笔、荧光笔、排笔和智能画笔等五种笔型，使用者可以随意调整笔的粗细和颜色，而且荧光笔还可以设置颜色的透明度，具体如图 2－11所示。

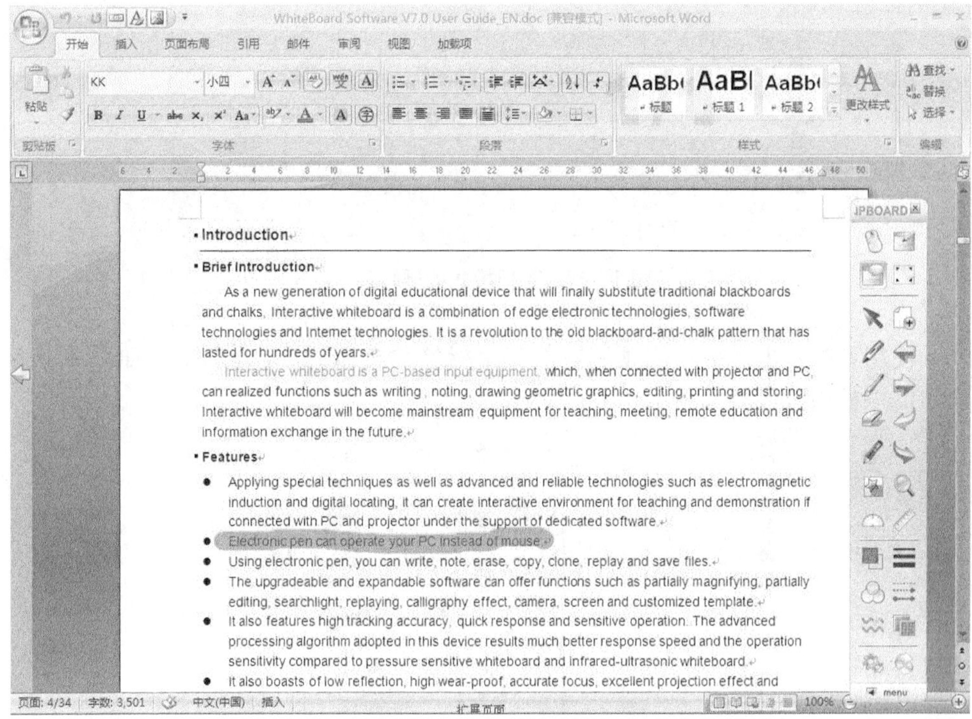

图 2－11　注解模式下使用荧光笔做重点内容标注

在任何模式中要想进入注解模式，都可以通过点击浮动工具条上的“注解模式”按钮即进入该模式。

3. 窗口模式

窗口模式是一种比较常用的工作模式。该模式不仅为使用者提供了常用工具和常用操作的工具栏与菜单栏，还为使用者提供了三种预览功能，即页面预览、公共图库预览和用户图库预览，用于支持“所见即所得”(What You See Is What You Get)式的开放性、可视化的动态性的资源管理功能。

窗口模式的屏幕显示分为菜单栏区、工具栏区、预览区和绘图区以及属性工具条五个区域，如图 2－12 所示。

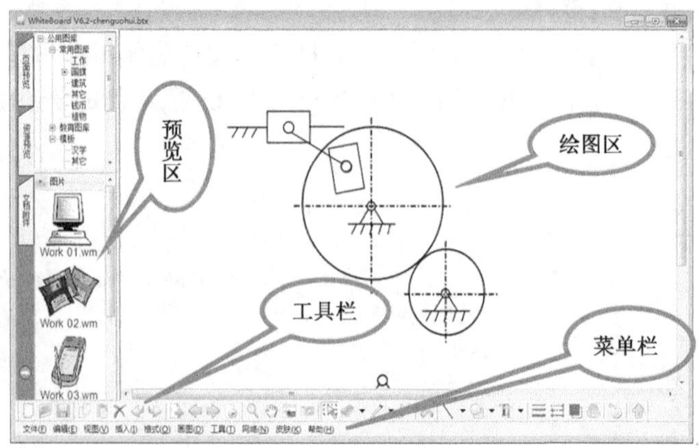

图 2-12 窗口模式的屏幕显示

使用者在单击屏幕左侧预览区的三个标签状按钮后，会分别出现如图 2-13 所示的三种预览区屏幕显示。

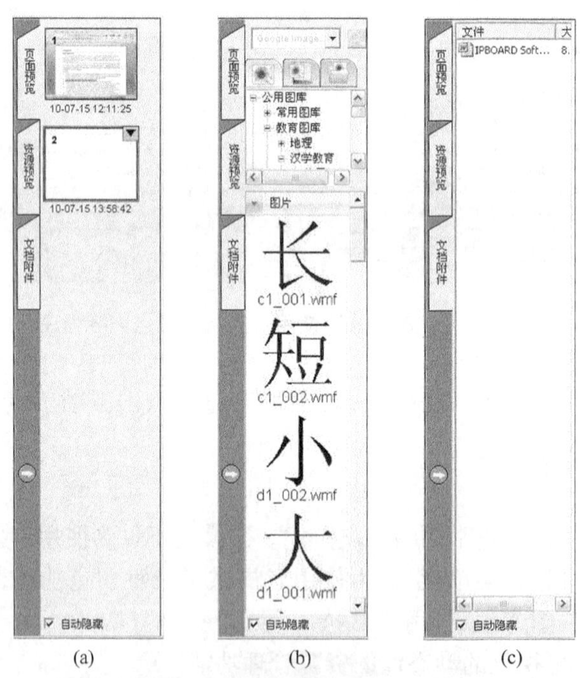

图 2-13 预览区的三种屏幕显示

(a) 页面预览；(b) 资源预览；(c) 文档附件

例如，当使用者想使用交互式电子白板所提供的资源时，只需点击预览区中的“资源预览”标签按钮就可以预览到资源库中的公用图库、教育图库和模版中的资源，以及本地图片中的资源、个人收藏及网络在线图片等资源。此时，使用者只需要使用电子笔将选中的资源拖曳到绘图区即可使用了。

2.3.2　常用管理功能

1. 文件管理

新建：点击新建按钮或点击主菜单上的“文件”→“新建”，创建一个新的空白文件。

打开：打开一个先前保存的文件。目前支持打开的文件格式有 *.btx，*.doc，*.xls，*.ppt，*.pdf。点击工具条上“打开”按钮或点击主菜单上的“文件”→“打开”。

保存：将文件以白板文件格式保存到磁盘上，供以后重复使用。点击工具条上“保存”按钮或点击主菜单上的“文件”→“保存”。

2. 页面管理

插入页面：点击工具栏上的“插入页面”按钮，则在当前页下方插入新页。

删除页面：

①点击菜单栏上“编辑”→“删除当前页”。

②点击页面预览中需要删除的页面（也可以按住 Ctrl 键，选择多个页面），点击功能菜单按钮在弹出菜单中选择“删除当前页”，如图 2－14 所示。

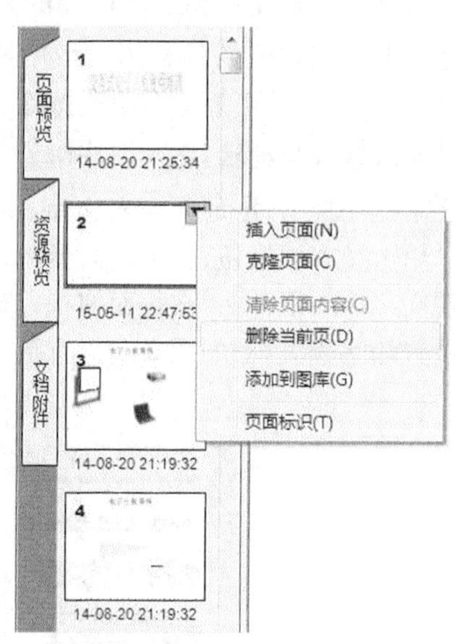

图 2－14　删除页面图

切换页面：点击工具栏上的“上一页”按钮、“下一页”按钮进行切换。

改变页面顺序：打开“页面预览”，按住要移动的按钮 1 s，直到光标变成，拖动光标在页面预览栏中移动，当其上的黑线到达想要放置该按钮的位置时放开光标，则移动完成。

2.3.3 屏幕书写、注释、手绘功能

如图 2－15 所示，交互式电子白板提供普通笔、荧光笔、毛笔、排笔、彩笔等功能，可以进行屏幕书写、注释、手绘等功能。教师在课堂上可以边讲边写，便于学生跟上讲解的思路。这些注释可以保存下来，然后再整理到讲课资料中。

画笔（笔宽）设置：提供了六种线条粗细程度，可根据需要选择，如图 2－16 所示。

色彩：提供了黑、红、蓝、绿、黄、白六种色彩图标，如果您需要其他的颜色，请在色彩区中选择其他色彩后，即可完成颜色的修改，如图 2－16 所示。

板擦：板擦用于擦除页面上的画笔对象，即使用普通笔、荧光笔、毛笔、排笔、纹理画笔绘制出来的对象。

若选择的是普通板擦，则通过电子笔在软件绘图区域的拖动来擦除；若选择的是区域擦除，则通过电子笔在软件的绘图区域中按下并拖出一个区域，该区域中的可擦除对象被擦除。

文本输入与编辑：文本框按钮为，用户可以通过文本框功能在页面上插入文字，并对文字进行编辑。单击文本框按钮，在页面需要的位置上点击即可出现文字输入框，或者在页面拖拽以确定要输入文本的位置和字号大小，如图 2－17 所示。

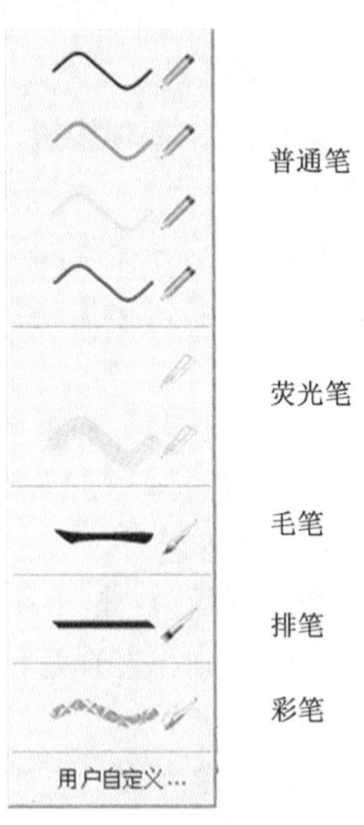

图 2－15 交互式电子白板功能笔

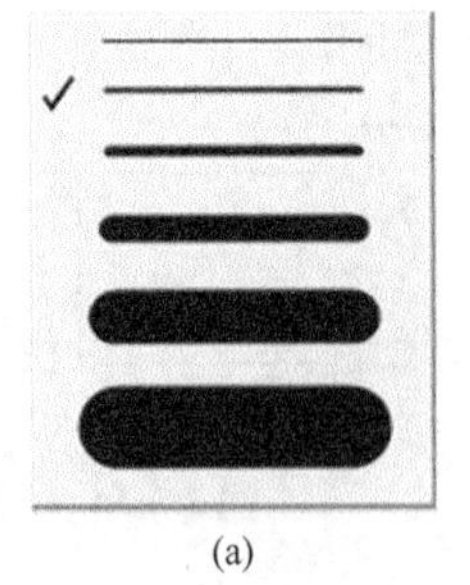

(a)

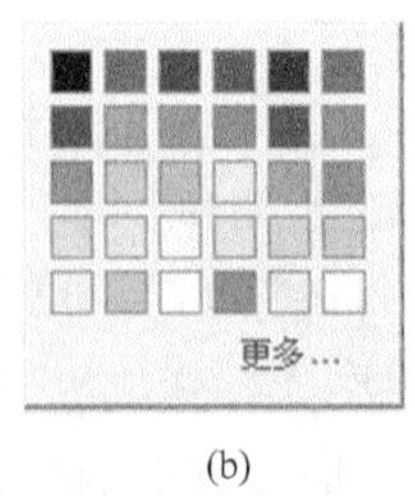

(b)

图 2－16 交互式电子白板功能笔的笔宽与色彩

(a)笔宽；(b)色彩

另外，在文本框下方同时弹出如图 2－18 所示的文本框工具栏，用户可以打开

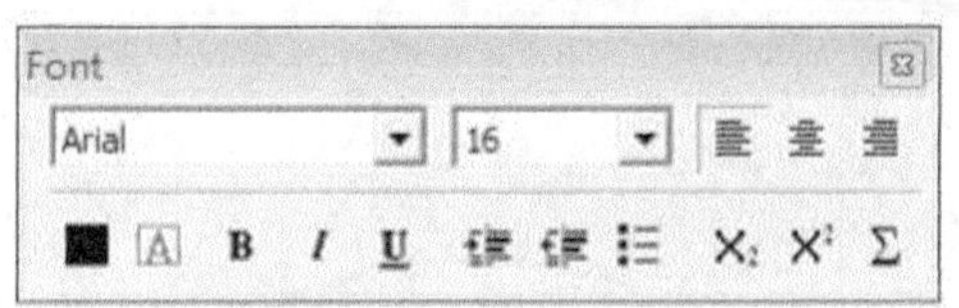

图 2－17　文本框

屏幕软键盘输入任意文本，而且可以对字体、字号、文本格式等进行设置，也可以实现对文本的复制、粘贴，改变层的位置等操作。

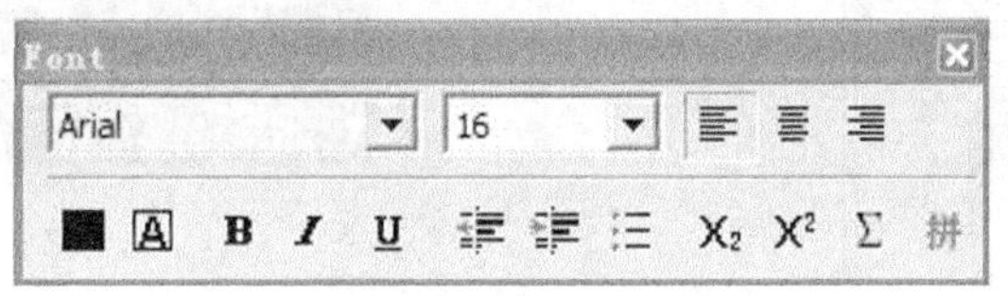

图 2－18　文本框工具栏

2.3.4　资源库

电子白板系统资源库中为每个学科准备了大量的学科素材和教学资源，为教师的备课提供了强有力的支撑，包括常用图库、教育图库和模板。教师们可以根据自己所教授的科目和内容，对资源库中的资源进行取用。同时教师也可以建立自己的资源库，允许教师将自己在教学中积累的各类教学素材输入资源库。

在窗口模式下选择“资源预览”，在相应的“图库目录”下将所选的图库图片拖进绘图区，如图 2－19 所示。

教师可以根据自己的教学需要，在资源库中创建教师私人资源类，并添加资源，具体操作如下。

增加分类：在资源库中，教师可以创建资源分类。打开资源库，选择个人图库分类名，在弹出菜单中选择“增加分类”，如图 2－20 所示。

增加资源：在资源库中，教师也可以根据自己的教学需要，在相应的分类下添加资源。在资源库分类框中，选择需要增加资源分类，在下拉菜单中选择“增加资源”，如图 2－21 所示。

点击后弹出打开对话框（选择要添加的资源种类），如图 2－22 所示。

对象添加到图库：将当前页面中的素材添加到图库中。选择页面对象，点击功

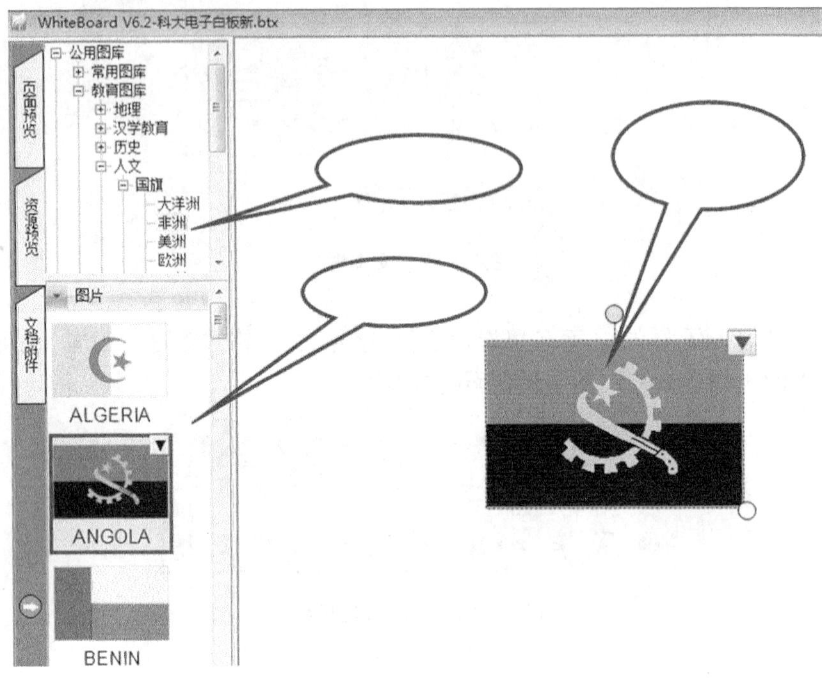

图 2－19　交互式电子白板的资源库

图 2－20　增加分类

图 2－21　增加资源

能菜单按钮，在弹出菜单中选择“添加到图库”，如图 2－23 所示。也可以将对象拖动到图库。

图库资源插入：在页面插入图片。在图片预览框里选择图片，双击或拖动将其插入页面，如图 2－24 所示。

图库资源导入（导出）：将图库以文件的形式导出，并可在其他机器上将图库导入电子白板软件。选择“资源预览”——→点击图库（或其子分类），在菜单中选择

图 2－22　添加资源对话框

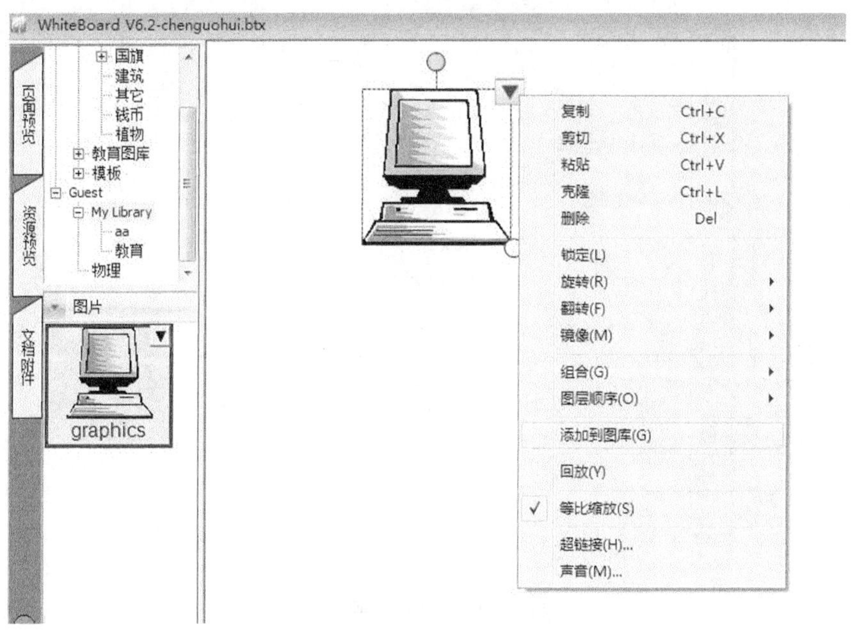

图 2－23　添加素材到图库

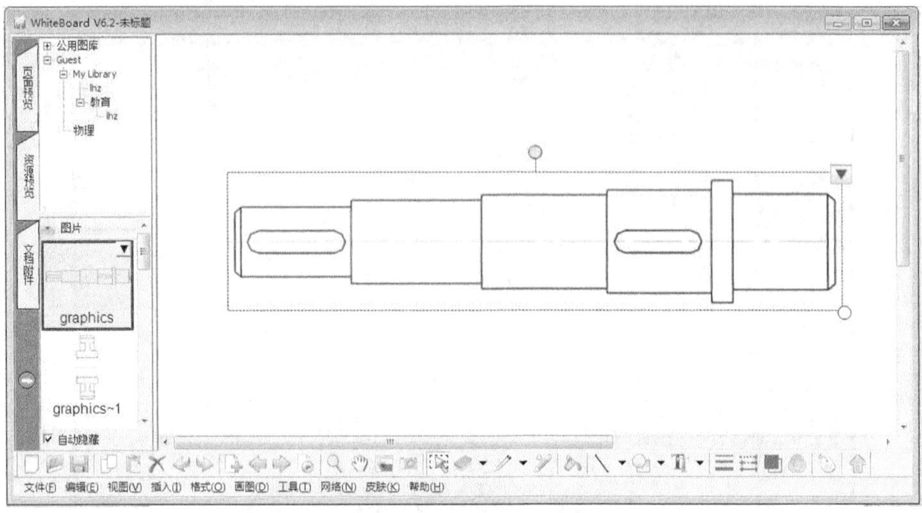

图 2－24　图库资源插入

"导入(导出)资源库",如图 2－25 所示。

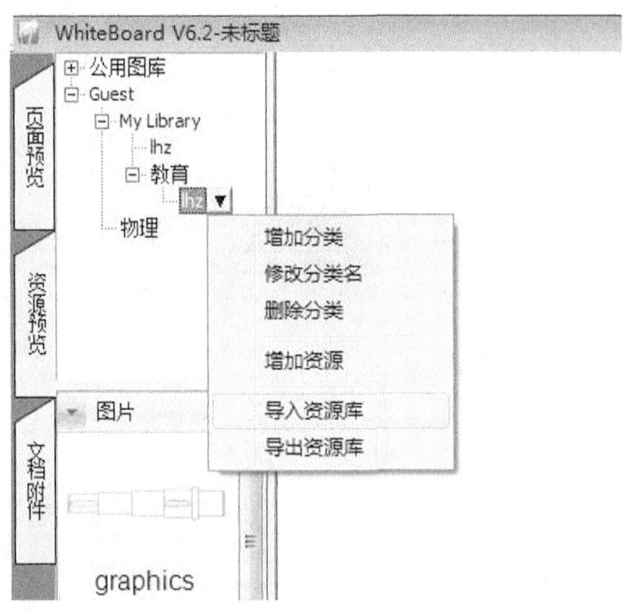

图 2－25　图库资源导入

2.3.5　对象编辑

1. 选择对象

单个对象选取:点击“选择对象”按钮 ,或点击主菜单上的“绘图”→“选择对象”,处于选择对象状态后鼠标指针变为 ,将鼠标指针移动到需要编辑的对象上方时,鼠标指针变为 ,点击 即可选中对象。对象被选中后,状态如图 2－26 所示。

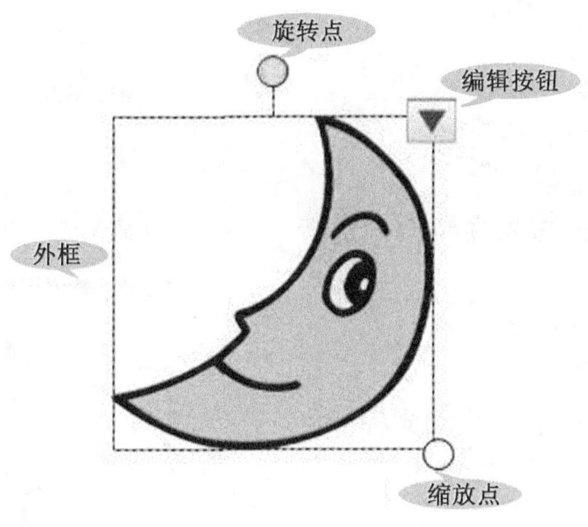

图 2－26　选择对象

2. 移动对象

移动是将选中的对象在页面内进行移动的操作。

移动首先要选中对象,用电子笔按住对象内部拖动对象进行移动。移动示例如图 2－27 所示。

3. 缩放

缩放是将选中对象进行扩大或缩小的操作。

缩放的步骤如下:

①选中目标对象;

②按住对象的缩放点,拖动光标即可缩放对象,如图 2－28 所示。

图 2－27　移动示例

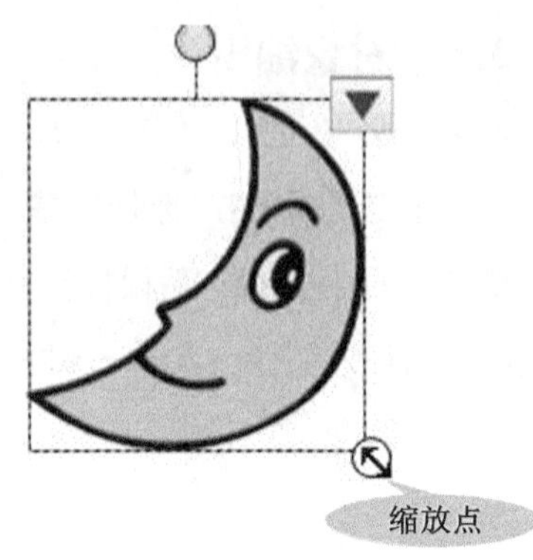

图 2－28　缩放示例

4. 旋转

旋转是将选中的对象在页面内进行旋转的操作。

旋转的步骤如下：

①选中目标对象；

②按住对象的旋转点，拖动光标即可旋转对象，如图 2－29 所示。

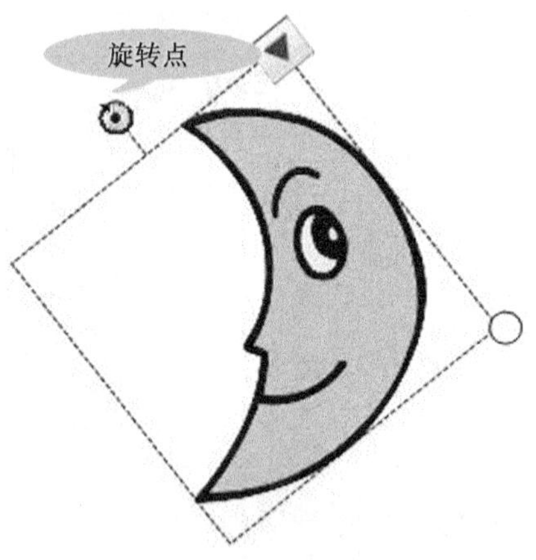

图 2－29　旋转示例

5. 删除

删除是将选中的对象或文本删除的操作。

操作时，首先选中目标对象，然后进行删除。

删除有如下四种方式：

①在窗口模式下，点击工具栏上的“删除”按钮 ✕ ；

②点击主菜单上的“编辑”→“删除”；

③点击对象的功能菜单按钮▼，在弹出菜单中选择“删除”；

④在浮动工具条状态下，点击“删除”按钮 ✕ 。

6. 超链接

为对象插入超链接，首先选中需要插入超链接的对象，点击对象的功能菜单按钮在弹出菜单中选择“超链接”。可以实现链接到网页、链接到页面、链接到磁盘文件、链接到文档附件等方式。激活方式有角图标和对象两种。

【例 2－1】　点击电脑图标跳转到相应页面。

①为图标添加超链接，如图 2－30 所示。

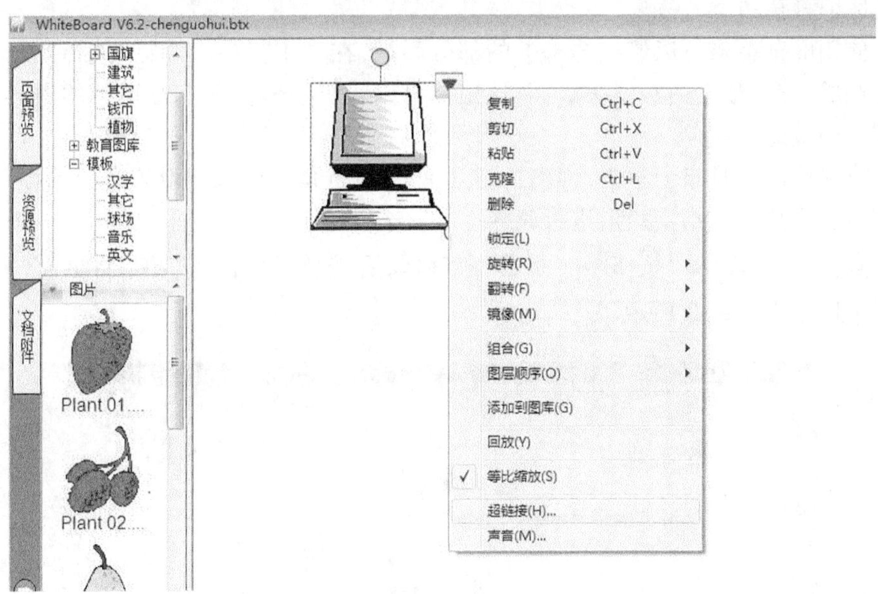

图 2－30　添加超链接

②在文档页面选择需要链接到的页面，如图 2－31 所示。

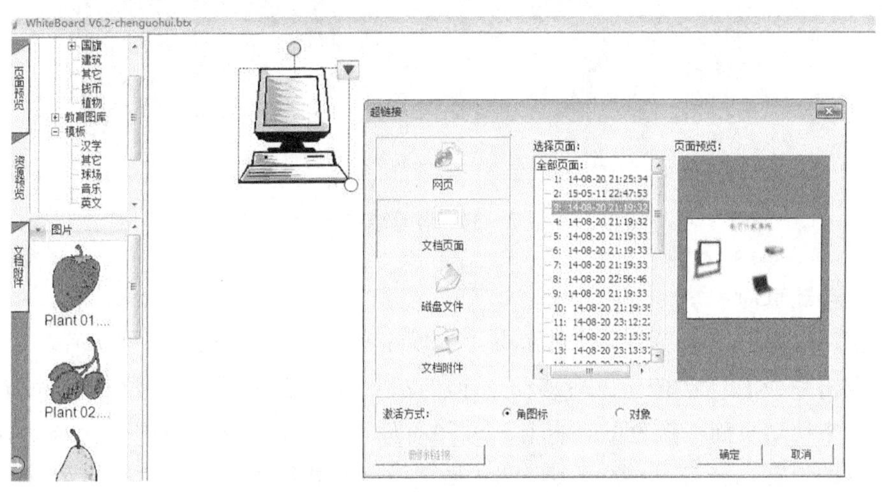

图 2－31　链接到的页面

2.3.6 特色工具

1. 屏幕幕布

使用屏幕幕布可以遮挡屏幕上的部分区域，在主工具栏/工具中选择此工具。单击遮屏按钮，整个白板便被遮挡，该工具可以让听众专注没有被遮挡的内容，其余部分则被遮挡。

将鼠标放在幕布上单击，弹出控制菜单，可以选择相应按钮设置遮屏的移动方向、颜色、图片及可指定矩形进行遮屏。

点击“屏幕幕布”按钮；屏幕幕布启动后，软件弹出一块幕布将页面（或屏幕）挡住，如图 2－32 所示。

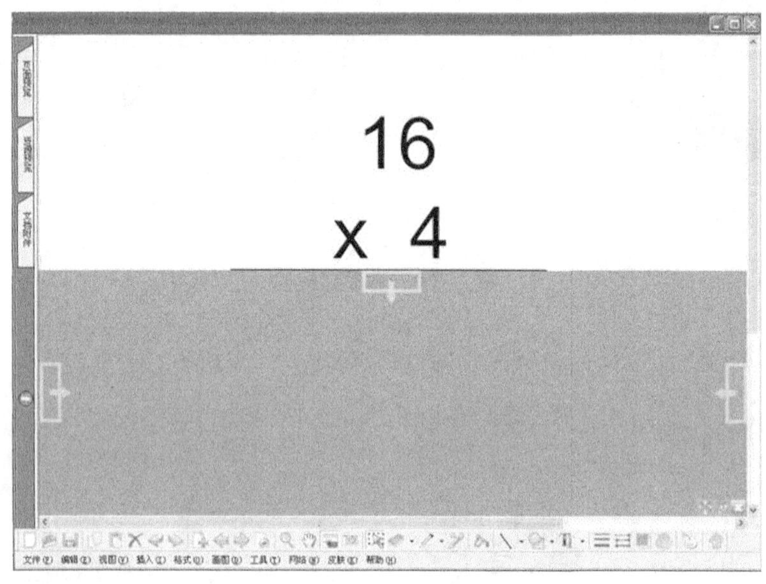

图 2－32　屏幕幕布

2. 移动页面

移动页面可以将当前显示的页面上下或左右移动（主要是上下移动）。

点击“移动页面”按钮；移动页面启动后，光标变为，这时可以通过光标的拖动来移动页面。移动页面的上下可移动范围较大（足够用户将页面调整到适合书写的位置），左右可移动范围较小（足够将侧栏和位置滚动条遮挡部分移出）；在将页面边框移动到窗口内侧边框附近时，程序将页面自动与窗口内侧对齐。移动页面示例，如图 2－33 所示。

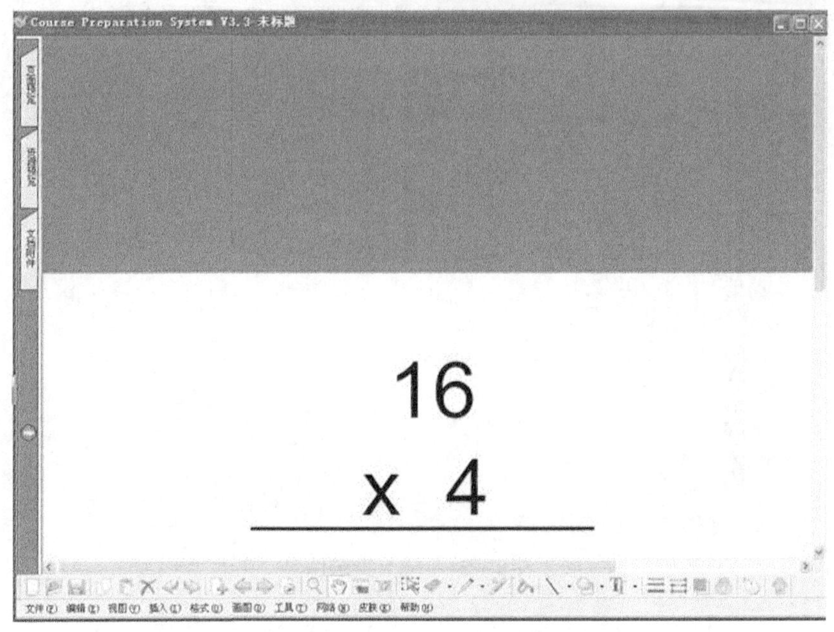

图 2－33　移动页面示例

3. 放大镜

放大镜提供了一个带有坐标刻度的局部放大器。用户可以通过放大器将窗口中局部内容进行相应倍数的放大,用户在放大器上的任意位置单击鼠标左键,即可选择相应的放大倍率。

点击“放大镜”按钮 ;放大镜启动后,光标变为 ,这时可以按下电子笔并拖出一个需要放大显示的区域,程序用虚线框表示该区域,其右下角有三个控制按钮,分别为缩小、放大和关闭功能,如图 2－34 所示。

按住放大区域内部并拖动,可将放大镜在页面内随意移动。

用途:

① 放大看不清的局部。可以放大观察对象,集中观察范围,提升展示效果。

② 引起注意。通过放大显示,提醒学生注意。

③ 照顾后排学生。班级学生人数较多时,为了让后排的学生能够看清楚,老师可以使用该功能。

4. 探照灯

使用探照灯时用户可以改变探照灯形状以及透明度,并且可以根据需要移动、旋转、调整聚光灯的大小,改变不透明度等属性。

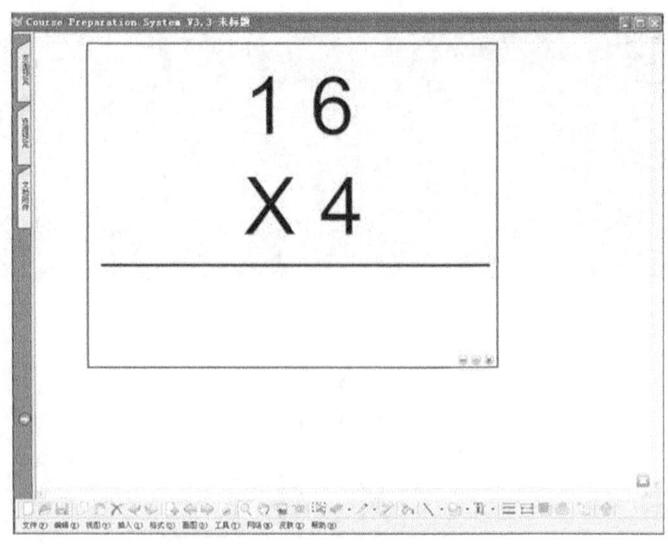

图 2－34　放大镜示例

① 移动：在红色框以外的任意地方拖动，可改变聚光位置。

② 改变大小：在红色框上拖动，可改变聚光区域大小和旋转。

③ 改变不透明度：点击控制菜单，在控制菜单中选择"透明度"。

④ 改变形状：点击控制菜单，在控制菜单中选择"形状"。

探照灯启动后，页面将被蒙上一层阴影，并在页面中间显示被探照灯照亮的范围，如图 2－35 所示。

图 2－35　探照灯示例

这时按住照亮区域旁边的蓝色边界可以扩大探照灯的照亮范围；点击下拉菜单按钮 ，可以设置照亮区域的形状、背景透明度和退出探照灯；探照灯照亮区域的默认大小可以在“参数设置”中设置。

5. 照相机

照相机实际上就是一个截图工具，提供截取当前屏幕图像功能，用户可以在屏幕、区域、不规则三种截取方式中选择一种并保存。

点击“照相机”按钮 ；照相机启动后，程序弹出照相机的控制窗口如图 2－36 所示。

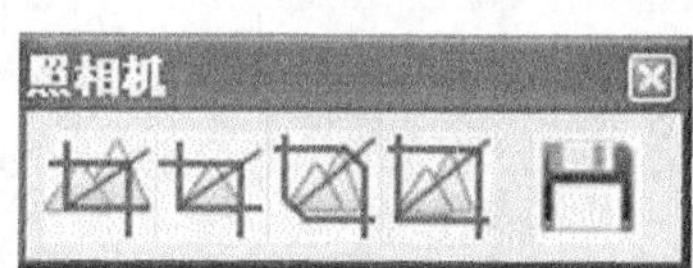

图 2－36　照相机的控制窗口

照相机按钮功能见表 2－2。

表 2－2　照相机按钮功能

按钮图标	按钮名称	功能描述
	区域快照	拖动光标选择需要照相的区域，再次点击光标后区域中的照片直接粘贴到当前页
	对象快照	点击后，有一个蓝色的框跟随光标，显示准备快照的对象，选定后点击对象，将图片作为当前页面的模版，若当前页面非空白则作为新增页面的模板
	不规则区域快照	拖动光标选择需要照相的区域（可以为任意形状区域），松开光标后区域中的照片直接粘贴到当前页面中央
	屏幕快照	点击后将全屏图像拍摄下来，并将照片粘贴到页面上
	保存捕捉	点击后程序弹出“另存为”窗体，选定保存路径、保存格式和文件名后点击“保存”保存照片

6. 软键盘

用户可以直接点击软键盘上的按键，其功能与硬件键盘完全相同；电子白板提供四种样式的键盘，包括标准键盘、字符键盘、扩展键盘、数字键盘。

点击 **软键盘**，软键盘启动后，程序弹出软键盘窗口，如图 2－37 所示。

7. 数字时钟

在主工具栏/工具中选择此工具。该工具提供了时钟和倒计时器的功能，并提供了两种显示方式：数字时钟和石英钟。用户在时钟上单击鼠标左键弹出控制菜

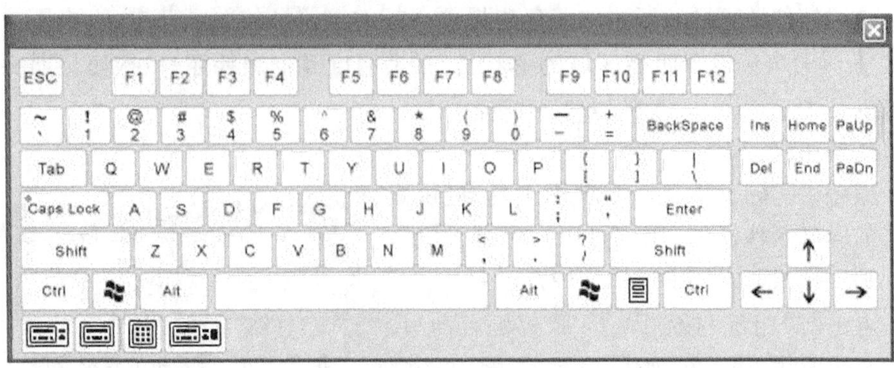

图 2－37　软键盘

单,用户可在菜单中选择计时模式和时钟模式,并设定倒计时时间、调整时钟透明度等属性。

在使用倒计时功能时,用户即可从控制菜单中选择倒计时的时间,也可通过直接拨动石英钟的指针来设定倒计时的时间。

点击“数字时钟”按钮,出现三种状态的时钟,用户可进行选择,如图 2－38 所示。

三种状态的时钟		
系统时钟	计时时钟	倒计时钟
10:25:52 2008-10-06 星期一	00:00:00	00:00:05

图 2－38　数字时钟

8. 手写识别

手写识别功能是白板软件的特色功能,可在白板页面上将手写体中文、英文、数字、标点符号转化为标准印刷体。也可在计算机界面待输入页面(出现光标时)上将手写体中文、英文、数字、标点符号转化为标准印刷体置于光标所在处。

单击文本框在开始菜单/工具选项里单击智能手写工具按钮即打开如图 2－39 所示工具栏。

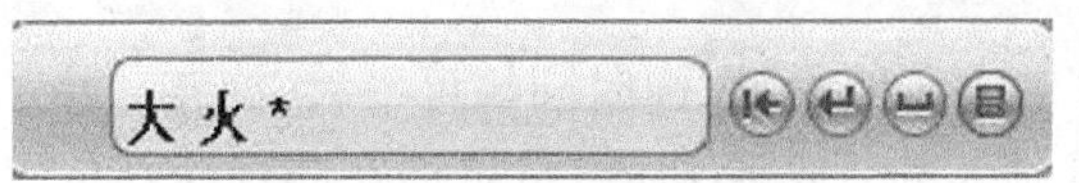

图 2 –39　手写识别工具栏

2.3.7　几何图形以及学科小工具

交互式电子白板软件提供了数学教学常用的工具，如量角器、直尺、圆规等。这些虚拟教学工具取代了寻常教具，为教学提供了帮助。

1. 量角器

该工具除了提供测量角度功能外，还提供了画圆弧、画角、画扇形的功能。使用时在量角器上单击鼠标左键，弹出控制菜单，用户可以根据需要选择功能，然后在量角器刻度边缘位置拖拽，则可实现带有角度的特定图形。量角器图形，如图 2 –40所示。

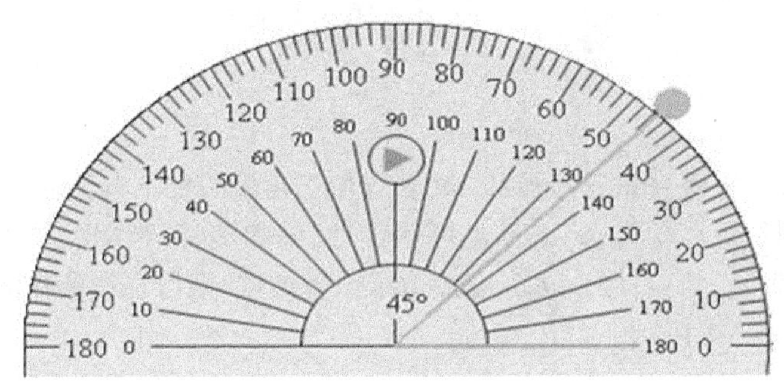

图 2 –40　量角器

2. 直尺

该工具提供了画直线和测量距离功能，用户在刻度线边缘位置拖拽即可得到一条直线；单击相应的控制点可缩放和旋转直尺，在直尺上其他任意位置单击，即可拖动直尺位置。直尺图形，如图 2 –41 所示。

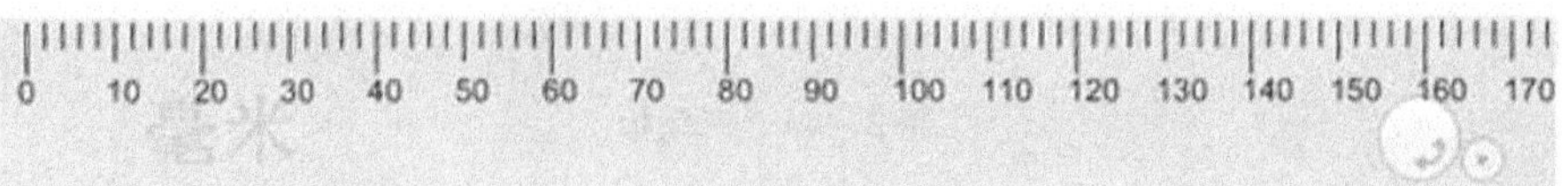

图 2 –41　直尺

3. 圆规

该工具提供了基本画圆功能,同时圆规可平移、旋转。除了基本画圆功能外,圆规工具还提供了画弧和画扇形功能,将鼠标在圆规任意位置单击,弹出控制菜单,用户可以根据需要选择功能,然后拖拽圆规,即可得到想要的图形。圆规图形,如图 2－42 所示。

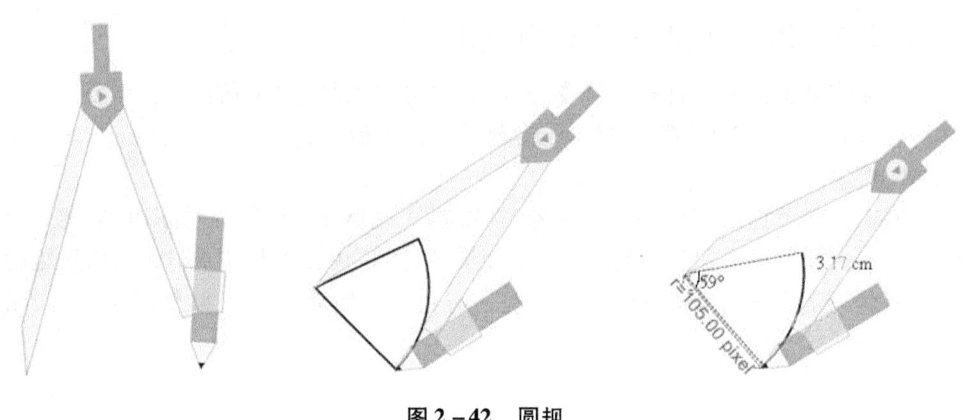

图 2－42　圆规

4. 三角板

软件提供了等腰直角三角板和 30°度直角三角板两种工具,可以利用该工具实现画直线和测量距离功能;该工具也可平移、缩放和旋转;当用户单击三角板上的任意位置可移动三角板;用户在刻度线边缘位置拖拽,则可在白板中画直线。三角板图形,如图 2－43 所示。

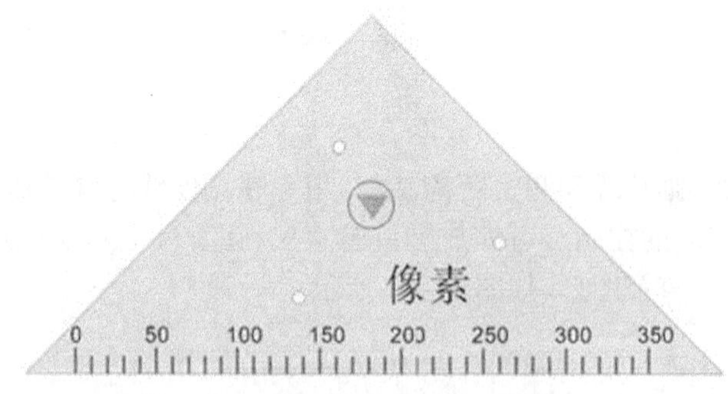

图 2－43　三角板

5. 一键画图工具

电子白板提供了直线、三角形、菱形等平面图形。在使用时,用户单击选中的平面图形,然后在页面中按需拖拽鼠标,几何图形即可呈现在页面中。选中图形后图形四周将出现四个控制点,可以改变图形的大小、位置、旋转图形及改变对图形进行编辑。一键画图工具,如图 2 – 44 所示。

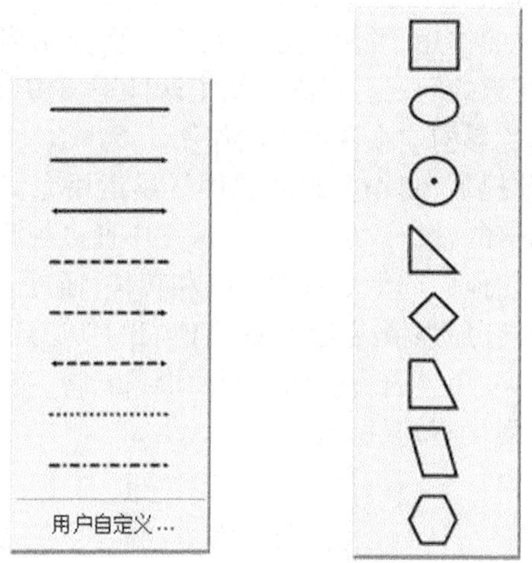

图 2 – 44　一键画图工具

6. 智能画笔

在工具栏中选择智能画笔选项,只需在白板上随手画一个图案便会自动形成相应的标准图形,如圆、三角形、四边形和多边形等;并可对生成的图形进行再编辑,如大小、形状和颜色等。

第3章　多媒体课件美学基础

【概述】 本章主要介绍多媒体课件需要具备的美学基础，包括美学的概念、表现手段以及在课件中的作用，并从美学的角度简要介绍多媒体课件制作中需要遵循的基本规则和应注意的问题。详细介绍了课件平面构成法则和色彩空间构成方法，强调平面构成和色彩构成在课件中的作用。

在坚持科学性的前提下，制作多媒体课件尽量运用完美的艺术形式表现教学内容，从而取得事半功倍的教育效果。例如，课件中通过视听组合所产生的效果影响学生的兴趣和爱好，使他们产生情感的共鸣和转移；通过人机交互作用等各种形式，调动学生的积极情绪，加强情感交流，提高他们的创造意识；采用适当的教学表现形式，使教学过程有序、完整、自然；课件画面形象新奇，有一定的艺术技巧，这些都可以激发学生兴趣，强化感知，引起注意。

3.1　美学基本概念

3.1.1　什么是美学

美学是研究人与现实审美关系的学问，是研究美、美感、美的创造及美育规律的一门科学。美学既不同于一般的艺术，也不单纯是日常的美化活动，它是人类审美实践和艺术实践发展到一定历史阶段的产物，是对人类审美实践和艺术实践的概括。

美学这门科学的渊源可以追溯到古代奴隶制社会。古代思想家对于美与艺术问题的哲学上的探讨，对于艺术实践经验的研究和总结，可以看作美学理论的萌芽和起点。

美学作为一门独立的科学，则是近代的产物。在18世纪资产阶级哲学和科学蓬勃发展的时期，美学在德国古典哲学中作为一个特殊部分开始确立起来。“美学之父”鲍姆加登在1750年第一次用“美学”（Asthetik）这个术语（其含义是研究感觉和感情的理论），并把美学看作哲学体系的一个组成部分。随后，康德、黑格尔等赋予美学以更进一步的系统的理论形态，使之在他们的哲学体系中占有重要地位。19世纪一些资产阶级美学家在实证主义精神的支配下，使美学摆脱哲学而成为“经验的科学”，使美学在这一时期更加广泛和独立地发展起来。

美学中常用的三种艺术表现手段有绘画、平面构成和色彩构成。本书中的多媒体课件则建立在“经验的科学”基础上，强调通过绘画、对两个以上色彩的运用与搭配、设计多个对象在空间的摆放关系等具体的艺术手段，增加多媒体课件的人性化和美感。

3.1.2　美学在课件中的作用

在制作多媒体课件时引入美学观念，其作用集中体现在以下几个方面。

1. 物化教学情境，丰富审美感知

教学过程中的审美活动是以学生的直接审美感知开始的，并在教学全过程中不断丰富和深化。优秀的多媒体课件画面可以有效地发挥出物化教学情境的作用，潜移默化地激发与培养学生的审美情趣与审美能力。

不同的学科蕴涵着内容各异的美学内容，同时也展现出自然美、艺术美、社会美、科学美等多种形式。以语文课为例，课文内容涉及古今中外丰富多彩的艺术形象，引人入胜的意境，优美生动的词句，强烈感人的抒情色彩和纯洁高尚的审美理想。例如，朱自清先生的《春》，通过描写春草、春花、春风、春雨等自然景物，优美的语言表现出春到江南的艳丽、柔和、温馨和生机勃发的美。然而，如果仅仅依靠语言、黑板和粉笔，其表现力是平面的、单一的；当配合使用恰当的图片、图像时，可以将春天冰雪消融、万物复苏这气象万千的美景立体地、多维地展现在眼前，春天的自然美呼之欲出，如配合使用柳树的发芽、孩子的眼睛、湖面的涟漪、枝头的小鸟等图片，一幅春意盎然的写真物化在眼前，使学习者唤醒对春的记忆，展开丰富的联想，更加直观地感受到春天离我们那么近。《荷塘月色》描绘了明净清亮的月下荷塘、轻盈多姿的荷花、沁人心脾的缕缕荷香，以及心怀淡淡的哀愁和喜悦等组成的静谧、和谐，充满优美的诗情画意的自然之美。同样，当结合文字再使用相关图片组成美丽的画面时，一个宁静、雅致的夜色展现在眼前。美育是自由自觉的过程，美好情感不断被唤起、激发，也不断得到净化、升华，逐渐积淀为高尚的审美情感，使美学教育潜移默化地深入到学生的内心。

2. 愉悦情感，陶冶情操

美学本身具有愉悦情感的功能，在课件画面中出现符合审美需求的画面会对学生的心理产生愉悦的情感效应，使之视觉上、心理上得到满足，主动接受知识信息。在学习过程中情感得到升华，美学情感得到满足，达到陶冶情操的目的。以科学美为例，当教师讲授天文、地理的时候，如果配上适当的图片，如浩瀚的星空、广袤的大地、湛蓝的海洋、皎洁的月光等，会使学生直观地感觉到自然之美。以物理课为例，当教师讲授万有引力定律的时候，在多媒体课件画面上出现牛顿的肖像，配上苹果从树上掉下来的画面效果，将给学生更加深刻的印象。学生在感受科学美、自然美的同时,也感受到了牛顿、伽利略的人格魅力。与此同时,在学生中间树立高尚的情操、科学的态度、执着的追求,会对学生的心理起到良好的引导作用,必将提高学生的审美能力和审美情感,这就是画面审美的愉悦情感、陶冶情操功能。

3. 人机交互,引人入胜

计算机形象逼真的交互界面和友好的交互环境设计,反映美学在多媒体课件设计中,能自然引导各种交互现象,扮演与学生友好合作、平等竞争的环境。以游戏教学课件为例,学生可以很轻松地在游戏环境中愉快地完成学习任务,这种把教学渗透在游戏中,能产生一种生动与轻松的学习氛围,激发学习者的兴趣,促使学习者自发、自愿地进行学习,使学生在不知不觉中进入学习状态。

美学在交互设计中,能起到逼真的仿真效果,最终实现虚拟环境下的学习。游戏中提供图文并茂、丰富多彩的人机交互式学习环境,使学生能够按自己的知识基础和习惯爱好选择学习内容,而不是只能被动服从和接受。这样,将充分发挥学生的主动性,真正体现学生的认知主体的作用。

3.1.3 美学的表现手段

前面曾经提到,美学有三种艺术表现手段,即绘画、平面构成和色彩构成。这里所谓构成,是指两个或两个以上的元素组合在一起,形成新的元素。

绘画是美学的基础。通过手工绘制、计算机绘制和图像处理,使线条、色块具有美学的意义,从而构成图画、图案、文字以及形象化的图形。

平面构成又叫"版面构成",是美学的逻辑规则,它主要研究若干对象之间的位置。随着人们对平面构成的深入研究,已经把平面构成归纳为对版面上的"点""线""面"现象的研究。

色彩构成是美学的精华。它的主要内容是研究两个以上的色彩关系、精确到位的色彩组合和良好的色彩搭配。

3.2 课件的平面构成

平面构成即形状(点、线、面)与色彩的构成。平面构成需遵从一定的美学规律,这些美学规律主要包括和谐、对比与统一、对称、均衡、比例等。我们把构成的基本元素有机地组合到一起就可以实现视觉的冲击效果。

3.2.1　平面构成法则

1. 和谐

从视觉形式上看，和谐指的是形态的有机组合，孤立存在的形态、线条、色彩等视觉因素必须和其他因素在相互对比中达到统一才能构成和谐。和谐的美体现在整体协调下的对比和强调这种对比关系之中。音乐中音调的和弦，建筑中各部分的比例相称，文学中结构的统一都体现了和谐的属性和特征。在平面构成中和谐的形式美需具备下列条件：

①有两个以上视觉因素；

②这些因素既相互对比，又是统一体中的局部；

③形态之间既有差别又有较强的共性。

根据和谐的形式美法则，在形状的协调上注意界面上图文混排时，图像和文字块的形状要保持协调。此外，如果一个界面上有多个图像，则图像的形状和大小也要协调，其中只有一个图像起主导作用，形成视觉的中心和引力。

2. 对比与统一

对比又称对照，把反差很大的两个视觉要素成功地排列在一起，虽然使人感受到鲜明强烈的感触而仍具有统一感的现象称为对比，它能使主题更加鲜明，视觉效果更加活跃。对比关系主要通过视觉形象色调的明暗、冷暖，色彩的饱和与不饱和，色相的迥异，形状的大小、粗细、长短、曲直、高矮、凹凸、宽窄、厚薄，方向的垂直、水平、倾斜，数量的多少，排列的疏密，位置的上下、左右、高低、远近，形态的虚实、黑白、轻重、动静、隐现、软硬、干湿等多方面的对立因素来达到的，它体现了哲学上矛盾统一的世界观。对比法则广泛应用在现代设计当中，具有很强的实用效果。

根据对比的形式美法则，如果各个元素的视觉效果都一样，界面看起来就非常单调和沉闷；而利用界面上多个元素之间产生的对比效果，可使强者更强，弱者更弱，在视觉和心理上形成主从、均衡、运动、情感等效果。此外，还可以借助大小、浓淡、明暗、粗细等形态变化，综合使用不同的对比手法，表现反复、渐变、连续、转移、跳跃、升腾等现象。利用对比法则可以有效地突出主体元素，引导学习者首先注意最重要的信息，使界面主宾分明，尤其是在图文混合方面的运用更是突出。

3. 对称

对称是人类、动物和许多植物以及人造物存在的结构方式，这种左右对称、上下对称及中心对称体现了形态组合、形态结构的整体性、协调性与完美性，符合人类自身的欣赏及审美要求，因而也是一种美的形式。例如，人体的构成关系、动物形体的构成关系、飞机的造型关系、一些花卉的结构关系等都体现出了自然形态和人造形态对称的形式特征和结构特征。所以，对称的形态在视觉上有自然、安定、均匀、协调、整齐、典雅、庄重和完美的朴素美感，符合人们的视觉习惯。平面构图中的对称可分为点对称和轴对称。假定在某一图形的中央设一条直线，将图形划分为相等的两部分，如果两部分的形状完全相等，这个图形就是轴对称的图形，这条直线称为对称轴。假定针对某一图形，存在一个中心点，以此点为中心通过旋转得到相同的图形，即称为点对称。

在平面构图中运用对称法则要避免由于过分的绝对对称而产生单调、呆板的感觉，有的时候，在整体对称的格局中加入一些不对称的因素，反而能增加构图版面的生动性和美感，避免了单调和呆板。

4. 均衡

就平面构成而言，均衡是诸多形态在二维空间组合时量的对比关系和位置的疏密对比关系。均衡在平面构成中强调的是形态在组合关系中的“动”的因素和趋向于打破平衡的形式特征。如同在衡器上两端承受的重力由一个支点支持，当双方获得力学上的平衡状态时称为平衡一样，均衡是形态不规则、无序和动态感在视觉上的统一，是根据形象的大小、轻重、色彩及其他视觉要素的分布作用于视觉判断的平衡。

平面构图上通常以视觉中心（视觉冲击最强的地方的中点）为支点，各构成要素以此支点保持视觉意义上的力度平衡。在实际生活中，平衡是动态的特征，如人体运动、鸟的飞翔、野兽的奔驰、风吹草动、流水激浪等都是平衡的形式，因而平衡的构成具有动态性。

在平面构成中，均衡构成形式通常需具备有相同或不同的多个形态，可有形状和面积上的差异，有聚散或穿插对比。

5. 比例

比例指一种事物在整体中所占的分量，是物体的局部与局部、局部与整体在体积和长度等因素上的数量对比关系。比例是一个精确的数学概念，而在平面构成中，比例关系反映的是形态之间在大小和面积上的量的对比关系，一种形态之间量与量的视觉构成关系，如等比数列、黄金分割比、形态的渐变等。

人们在长期的生产实践和生活活动中一直运用着比例关系，并以人体自身的尺度为中心，根据自身活动的方便总结出各种尺度标准，体现于衣食住行的器用和工具的制造中。例如，早在古希腊就已被发现的至今为止全世界公认的黄金分割比 1:1 618 正是人眼的高宽视域之比。恰当的比例则有一种协调的美感，成为形式美法则的重要内容。美的比例是平面构图中一切视觉单位的大小，以及各单位间编排组合的重要因素。例如，雅典的帕特农神庙（Parthenon）屋顶高度与屋梁长度具有黄金比，如图 3 - 1 所示。

图 3－1　雅典的帕特农神庙屋顶高度与屋梁长度的黄金分割比例图

6. 节奏与韵律

节奏原指音乐中音响节拍轻重缓急的变化和重复，这个具有时间感的用语在构成设计上是指以同一视觉要素连续重复时所产生的运动感。

韵律指的是诗歌中的声韵和节律。在诗歌中音的高低、轻重、长短的组合，匀称的间歇和停顿，一定地位上相同音色的反复出现以及句末或行末利用同调同韵的音相切和，就构成了韵律。在视觉艺术中借用韵律指的是形态、色彩等视觉因素有明显规律的和谐组合，如形态的重复、渐变、面积对比及秩序化构成关系都具有韵律形式的特征。平面构成中单纯的单元组合重复易于单调，由有规则变化的形象或色群间以数比、等比处理排列，使之产生音乐、诗歌的旋律感。有韵律的构成具有积极的生气，有加强魅力的能量。

平面构成的韵律形式通常需要具备多个形态、面积对比、形态多次重复和渐变。

7. 联想与意境

平面构图的画面通过视觉传达而产生联想，达到某种意境。联想是思维的延伸，它由一种事物延伸到另外一种事物上。例如，红色使人联想到太阳、火焰、红火，从而使人感到温暖、热情、喜庆等；绿色则使人联想到大自然、生命、春天，从而使人产生平静感、生机感、春意等。各种视觉形象及其要素都会产生不同的联想与意境，由此而产生的图形的象征意义作为一种视觉语义的表达方法被广泛地运用在平面设计构图中。

随着科技文化的发展,对美的形式法则的认识将不断深化。形式美法则不是僵死的教条,要学会灵活运用。

3.2.2 平面构成在课件上的应用

多媒体课件与学习者交流的介质是界面,界面提供显示信息和控制功能。一个多媒体课件如果在设计制作过程中引入了构图规则,那么它的操作界面和演示画面将更符合美学要求,更人性化。因此,界面是衡量多媒体产品质量好坏的主要指标之一。

在开发多媒体课件的过程中,多媒体课件不仅具备教学功能,还应给人一种美的和谐的享受。界面的设计应充分运用构图规则。在各种构图规则中,最常使用的是点、线、面的构图规则。设计课件界面时,在保证应用功能的前提下,尽量运用这些构图规则。

多媒体课件的美学设计应遵循以下原则。

1. 对比均衡

一般而言,多媒体课件的媒介包括标题、文字内容、图像、动画、图标、同步声音等。通过这些媒介,多媒体课件提供教学信息显示、交互操作、检索等内容。设计多媒体课件的版面,实际上就是摆放媒介的位置,使其更为合理,更符合美学要求。构图体现在设计艺术中,是要刻意地制造对比,使画面比生活更突出,从而更好地体现设计的主题。这与影视戏剧创作中刻意地制造剧中的人物矛盾冲突以体现源于生活而高于生活的主题思想的根本原理是一样的。

在构图中,追求对比的同时更要注意整体的均衡。在版面构图的具体应用中,版面的均衡就是各构成单元视觉重力关系的平衡与稳定。视觉重力指的是各视觉元素给予人们的视觉冲击力度(视觉吸引力)。视觉重力一般根据它的面积大小、色彩深浅来增加或削减,又因为生活给予我们思想潜意识的影响(习惯思维),不同视觉特征的东西也会有不同的视觉重力。例如,动物比植物重,深色形比淡色形重,粗线比细线重,面积大的形比面积小的形重等。运用构图中的杠杆原理,结合各视觉元素的重力关系是创造版面整体均衡的有效途径。

2. 多样统一

多样统一是多媒体课件合理构图的基本条件,多样避免了单调,统一则避免了杂乱。体现在版面编排设计中,如果光有图或文字,则版面显得单调;如果把标题、文字段落、照片、图画等进行穿插组合,版面就会显得多样而生动;同时,如果图文的排列按照一种标准的栅格分割,版面就会显得统一。多样统一的实例如图 3－2 所示。

图 3-2　多样统一的实例

3.3　课件的色彩构成

3.3.1　色彩构成概念

色彩是自然美、生活美、艺术美的重要组成部分，是艺术设计中科学规律最强的一门学科。色彩设计是指遵循科学与艺术的内在逻辑，对色彩进行富有鲜明创见性及理想化的组合过程。俗话说“远看色彩近看花”，因此色彩起着先声夺人的作用。

色彩不能脱离形体、空间、位置、面积等因素而单独存在，因此色彩与平面构成不可分离。界面的色彩构成最有规律和充满感性，因此能产生一种氛围和情绪，引导学习者的阅读。色彩还具有造型性，通过色彩对比，能突出主体，强调要传达的信息，并形成界面的风格。色彩构成是根据不同目的而进行的色彩搭配，是把两个或两个以上的色彩按照一定的原则进行组合和搭配，以此形成新的色彩关系。色彩构成包含很多内容，如色彩作用、色调、形式美感、色彩混合、色彩知觉等。作为多媒体课件是否具有吸引力，除了内容外，课件画面设计是否漂亮，色彩搭配起着非常重要的作用。作为课件的设计者和制作者，必须具有较高的色彩方面的素养，掌握色彩方面的美学知识，并创造性地将其应用于课件设计中。

3.3.2 色彩三要素

视觉所感知的一切色彩现象,都具有其基本的构成要素。有彩色系,任何一种颜色都包含三个基本要素,即色相、明度和纯度;无彩色系则只有明度要素。色相、明度和纯度就构成了色彩的三个基本要素。

1. 色相

色相指的是色彩的相貌和特征,具体表现为各种色彩,也称为“色度”。自然界中色彩的种类很多,色相是指色彩的种类和名称。在可见光谱中,人的视觉能够感受到红、橙、黄、绿、青、蓝、紫这些不同特征的色彩,这些可以相互区别的色彩就形成了色相的概念。正是由于色彩具有这种具体相貌的特征,人们才得以感受到五彩缤纷的客观世界。

在研究色彩时,通常是用色相环而不是用呈直线排列的光谱来表现色相的系列。

2. 明度

明度指的是颜色的明暗或深浅程度。颜色有深浅、明暗的变化。例如,深黄、中黄、淡黄、柠檬黄等黄颜色在明度上就不一样,紫红、深红、玫瑰红、大红、朱红、橘红等红颜色在亮度上也不尽相同。这些颜色在明暗、深浅上的不同变化,也就是色彩的明度变化。

色彩的明度变化有许多种情况,一是不同色相之间的明度变化,如白比黄亮、黄比橙亮、橙比红亮、红比紫亮、紫比黑亮;二是在某种颜色中加白色,亮度就会逐渐提高,加黑色亮度就会变暗,但同时它们的纯度(颜色的饱和度)就会降低;三是相同的颜色,因光线照射的强弱不同也会产生不同的明暗变化。

无彩色系中,最高明度为白,最低明度为黑,二者之间的系列为灰色。在色彩设计理论中,明度应用标准被定为 11 级,其中 0 级为黑,10 级为白,1 ~9 级为灰度,如图 3 -3 所示。

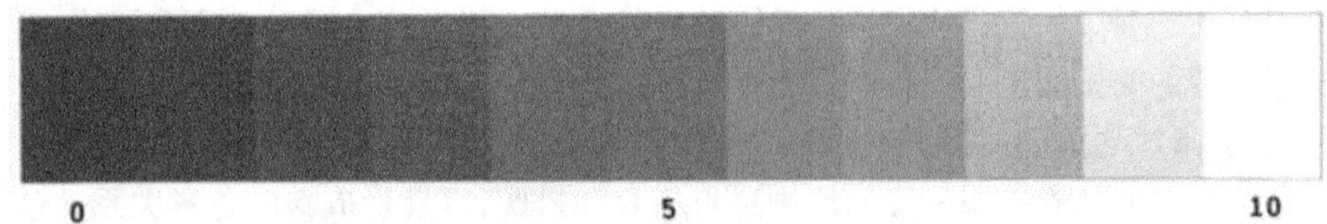

图 3 -3 色彩的明度

在有彩色系中，黄色为最明亮的色，明度最高，在光谱中心位置；紫色为明度最低的色，处于光谱边缘位置。各种色彩都可以通过加白或加黑作明度色阶变化。

3. 纯度

纯度是指色彩的纯净度，指色彩中其他杂色所占成分的多少，又称为饱和度。纯度高指色彩鲜明，反之则灰。不同原色相的颜色明度不等，纯度也不等。一种颜色，当加入白色时，它的明度提高，纯度降低；加入黑色时，明度降低，纯度也降低。自然色中红色纯度最高，其次是黄色，而绿色的纯度只有红色的一半。自然色中大部分是非高纯度色，(含灰量)有了纯度变化，色彩才显得极其丰富。改变色彩纯度有三种方法：加中性灰，加互补色，加其他色。无彩色没有色相，即纯度为零。

色彩的纯度变化系列是通过一个水平的直线纯度色阶来表示的，它表示一种色彩从它的最高纯度色到最低纯度色之间的中性灰之间鲜艳与混浊的等级变化。

3.3.3　色彩空间

色彩空间又称为色彩模型，是一种以概念和数字来科学地描述色彩的方法。在多媒体课件制作中有好几种色彩模型，每种色彩模型都通过不同的方法来描述颜色。同时，色彩模型决定了位图中像素的颜色的种类。主要的色彩模型有以下几种。

1. RGB 色彩模型

RGB 色彩模型由红、绿、蓝三原色或基本颜色组成，又叫作加色模式，因为每叠加一次具有一定红、绿、蓝亮度的颜色，其总亮度都有所增加，红、绿、蓝三色相加为白色。所有扫描仪、显示器、投影设备都依赖于这种色彩模型，是屏幕显示的最佳模型。RGB 指的是 Red(红色)、Green(绿色)和 Blue(蓝色)。

2. CMYK 色彩模型

CMYK 色彩模型由青色、品红色、黄色和黑色组成，是四色印刷所使用的颜色模式，又叫作减色模式。这是由于人的肉眼所看物体的颜色是白光照射到物体上，物体吸收一部分颜色后的反射光。

CMYK 色彩空间就是依据减色混合的原理创建的，它是电子出版领域中广泛使用的色彩语言。CMYK 指的是 Cyan(青色)、Magenta(品红色)、Yellow(黄色)和 Black(黑色)。

3. 索引色彩模型

模型在实际使用中，一幅图像的色彩往往少于 256 种，无需以 RGB 或 CMYK 占用较多内存空间的色彩模式来处理，因此程序就开发出了索引色彩模型。在这种模式下，图像中的像素颜色可用一个字节即 8 位色彩表示，也就是最多可以包含 256 种颜色。这种模式一般用于多媒体或网页的图像，GIF 格式的图片就是索引色彩模式。采用这种模式的图像大量应用于互联网,以提高网络图像的传输速率。

4. 灰度模型

在这种模式下,图像中的像素颜色可用256个不同灰度值表示,也就是只有黑、白构成的颜色模式。如果要将彩色图像转换为双色调模式图像,必须先转换为灰度模式图像。

色彩空间是特定色彩模式可以生成的颜色范围。某些色彩模式有固定的色彩空间(如Lab色彩模式),因为它们与人感知颜色的方式直接相关,这些色彩模式被视为与设备无关。其他一些颜色模型(RGB、CMYK等色彩模型)可能具有许多不同的色彩空间。由于这些色彩模式的色彩空间因设备而异,因此它们被视为与设备相关。正是因为各种设备(数码相机、扫描仪、计算机显示器、桌面打印机、印刷机)在运转时使用着不同的色彩空间,所以如果从一个色彩空间到另一个色彩空间的颜色转换不正确或缺少这一转换,就会导致颜色不一致。要正确转换颜色值生成一致的颜色,就要学习色彩管理相关的知识。

在通常情况下,我们先在RGB色彩模式下工作,如果图像是用于印刷的,在不需要保存为灰度模式或双色调模式时,那么保存时要先转化成CMYK色彩模式。

3.3.4 色彩的视觉心理

色彩的视觉心理要素包括色彩的冷暖、进退、轻重、厚薄和动静,它是人的心理活动影响色彩感觉的结果。色彩是通过光的反射被人眼所感知,色光是一种电磁波,根据波长从高到低的不同,可以形成红、橙、黄、绿、青、蓝、紫的连续色谱,如图3-4所示。

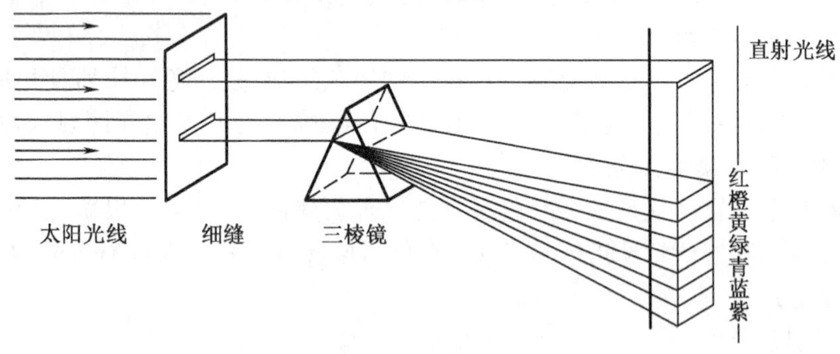

图3-4 连续色谱

色彩心理是指色彩对人的眼睛及心理的作用,即色彩的属性对比、刺激作用和造成的心理印象、象征意义及情感影响等。色彩心理学的研究表明,人对色彩的偏爱与生俱来,基本不受后天的影响。不同的人很难对同一颜色有相同的理解,对光线的敏感度也不同。但是,人类对颜色有一些共性的解析,可分为冷暖、轻重、强弱等类别。就同一种色彩,在不同的环境下也会产生积极的和消极的两种不同的心理感觉。

1. 色彩的冷暖感

色彩的冷暖感觉是由视觉经验引起的心理作用,从而在观念中把色彩分为冷色和暖色。

从色相环上看,由品色到黄色的范围会使人感到温暖,主要包括品红、红、橙、黄等色相,称为暖色,如红旗、消防车、玫瑰等。由蓝绿到蓝紫的范围会使人感到寒冷,主要包括蓝绿、群青、普蓝、蓝紫等色相,称为冷色,如苍天、大海等。而黄绿、紫等色相属于不冷不暖的中性色,如香蕉、霞光、草地等。色的冷暖感主要是由色相来决定的,明度对冷暖感也有一定影响,具体颜色的象征意义将在下一小节描述。

2. 色彩的轻重感

将相等质量而色彩不同的黑、白的物体置于我们的左右手中,我们会感觉白色物体轻,黑色物体重。这一实验表明不同的色彩,看上去会使人感到轻重有别。色彩的轻重感主要取决于色彩的明度,明度高的色感轻,明度低的色感重。在相等明度条件下,冷色一般比暖色感觉略轻。色彩构图中上轻下重较为符合人的视觉习惯。在设计界面时注意轻色通常用于上部,重色用于下部。如果界面上部为重色时,在下部的边缘部位应呼应重色范围,可以达到平衡构图的目的。

3. 色彩的强弱感

色彩的强弱感也称为色彩的华丽、质朴感或色彩的鲜浊感。它主要是由色彩的纯度和明度决定的。一般来说,纯度高而明度适中的色彩感觉华丽,纯度低和明度过高或过低的色彩感觉质朴,如黄色的光感最强,能给人以光明、辉煌的印象;蓝色的亮度偏低,如果与一些重色相配合,产生宁静、沉思、抑郁、神秘的感觉;紫色在理想的对比中,如与黑色、金色对比并适当提高其亮度,具有尊贵、高雅、优美的气度。冷紫与冷色搭配又具有伤痛、忧郁、苦涩的感觉。

3.3.5　色彩的对比与调和

一般来说,每一个多媒体课件的界面都有一个主色调,以及与主色协调的其他辅色构成一个色系。主色调就是一个画面中使用最多的色调,它可以在一个色彩基础上变化而成。

色彩的表现力一般可以通过色彩基调、色彩对比和色彩调和来实现。

1. 色彩基调

根据色彩心理,色彩基调可分为红、橙、黄、绿、蓝、紫、黑、白、灰等组成的冷暖色调、中性调和灰彩色调。此外,根据色调的饱和度不同,又可分为淡彩和亮彩色调。亮彩是指一些明度高、透亮的原色或间色,它们的特点是色彩艳丽、色调明亮,少有过渡渐变,容易引起注目,有突出感,如常见的粉红、鲜橙、中黄、明黄、翠绿、青绿、天蓝等。在界面设计中常作为醒目标志色,具有强烈的视觉效果,但如果大面积应用,则容易产生炫目感。

2. 色彩对比

色彩对比是两种以上色相位于同一界面上产生的相互影响和感觉。主色调确定后,必须考虑其他色彩与主色的关系、要表现的内容及效果等,这样才能增强其表现力。根据色彩的三个基本属性,色彩对比可分为色相对比、明度对比和饱和度对比三类。

(1) 色相对比

色相对比是基于两种以上色相之间的差别形成的对比。从色环的色相对比可分为基色对比、间色对比和补色对比三种。

①基色对比

红、黄、蓝三原色不能由别的色彩混合而产生,却可以混合出色相环上所有其他的色。三原色是色相环上最为基础的色彩,基色色彩鲜艳、醒目,因此基色中两种色彩的对比色跳感非常强。所以原色对比是非自然的、精神化的、抽象的,如具有明确政治意义的国旗设计等。

②间色对比

原色相混所得的色彩称为间色,即橙色、绿色、紫色。其色相对比呈现出自然的本色,如植物的绿色、果实的橙色、紫色的花朵等。间色对比较原色对比柔和自然、明朗活泼、饱满华丽。

③补色对比

补色处于色相环直径两端,夹角为180°。补色的概念出自视觉生理所需求的色彩补偿现象,可以看作互补之色,因为补色的出现总是符合眼睛的需要。补色并置可以使对方的色彩更加鲜明,如红与绿搭配,红色变得更红,绿色变得更绿。补色相混、三原色相混和全色相相混都将产生中性灰色。

典型的补色关系是红与绿(蓝+黄)、蓝与橙(红+黄)、黄与紫(红+蓝)。这几种补色对比总是包含了三原色,因为任何原色的补色都是由其他两个原色相混合而成,也可以说包含了全部色相。黄与紫由于明暗对比强烈,色相个性悬殊,因此成为三对补色中明度对比最强的一对;蓝与橙的明暗对比居中,冷暖对比最强,是最活跃、最生动的色彩对比;红与绿明暗对比近似,冷暖对比居中,在三对补色中显得十分优美。由于明度接近，两色之间相互强调的作用非常明显，有眩目的效果。

补色对比使色彩对比达到最强的程度，效果强烈，其对立性促使对立双方的色相更加鲜明，因此补色对比是最有美感价值的配色。

（2）明度对比

色彩之间因明暗程度差别而形成的对比称为明度对比。

明度对比是色彩的明暗程度的对比，是色彩构成的最重要的因素，色彩的层次与空间关系主要依靠色彩的明度对比来表现。不同的色相有不同的明度，同一色相受光不同，明度也不同。明度对比大，感觉强烈；明度对比小，感觉柔和。

（3）纯度对比

色彩之间因为鲜浊程度差别而形成的对比称为纯度对比。

纯度对比是指较鲜艳的色与模糊的浊色的对比。红色是色彩系列之中纯度最高的，其次是黄、橙、紫等，蓝绿色系纯度偏低。当其中一色混入灰色时，视觉也可以明显地看到它们之间的纯度差。

高纯度的色相特征明确，有力、艳丽、生动、活泼，对视觉刺激的效果强，对心理情感作用明显，但容易使人疲倦，不能持久注视。低纯度的色相则特征较弱，含蓄，对视觉刺激的效果柔和，注目程度低，能持久注视，大自然丰富细腻的色彩变化体现了纯度对比的平和特点。

3. 色彩调和

色彩调和是指将有差别、有对比效果的色彩经过调整与组合，形成和谐统一的整体效果的过程。色彩调和并不是要将色彩变得同一，而是可以使有明显差别的色彩变得协调而统一，给人以不带尖锐刺激的和谐与美感的色彩感受。

在网上浏览时我们经常可以发现，有的界面色彩搭配得非常优美雅致，令人赞叹；而有的界面却显出低俗乏味，色彩应用毫无个性、美感可言。掌握了色彩设计中的调和法则可以使设计人员更好地驾驭色彩，调整、搭配、创作出协调的界面作品。

从色彩视觉生理角度来说，互补色的配色是调和的，这是由于互补色可以调和出视觉最乐于接受的不带任何刺激的中性灰色。从视觉效果上看，既不过分刺激，又不过分暧昧的配色是调和的。补色配色往往给人以视觉感受强烈的感觉，要达到真正的调和就要特别注意色彩面积的作用。例如，以歌德的面积理论来看，红绿配色面积比是 1:1 时为和谐。但实际应用中，红绿面积相等时会给人以刺激强烈的感受，并不能真正体现出色彩的调和统一。这是由于色彩的纯度在配色中起到相当重要的决定作用，红色的纯度远远高于绿色，约为其两倍，因此在配色时红色的面积应缩小至绿色面积的二分之一，这样才能获得调和的色彩效果。配色时较强的色缩小面积,较弱的色扩大面积,这是补色理论达到面积均衡的一般法则。

色彩的有序变化也可以达到色彩调和的目的。例如,光谱中的各种色光依波长差异顺序排列,表现出色彩丰富而又和谐的色彩效果。将两种或两种以上杂乱、刺激的色彩找出变化规律,有秩序地统一起来,就可以产生一种秩序调和。能够引起浏览者审美心理共鸣的配色是调和的。当配色的情调与浏览者的思想情绪产生共鸣时,也就是当色彩配合的形式结构与人的心理形式结构相对应时,浏览者会由衷地感到色彩的和谐悦目。符合目的性的配色也是调和的。配色必须符合功能的要求,界面中不同的功能分区具有不同的配色要求,设计时要注意区别对待。

色彩调和的方法主要分为同一调和法和秩序调和法,每种调和法中又分为多种情况。限于篇幅,具体情况下的调和方法读者可参阅相关色彩设计的书籍。

3.3.6　色彩在多媒体课件中的作用

在多媒体课件制作中,色彩是最基本的元素,课件界面的风格需要不同的色彩搭配,即配色来完成。配色对界面构图和整体效果起着非常重要的作用。经过精心设计的界面,可以在瞬间给学习者在视觉、心理、情感等方面产生强烈震撼,突出要传播的教学信息。一个界面的配色方案一般由主色彩、辅助色彩和强调色彩构成,这套配色方案将应用于课件内的各个不同的页面,同时各个页面还根据其自身特点和内容进一步调和。

色彩在多媒体课件中的作用可以概括为以下几种。

1. 突出主题

多媒体课件界面传递的信息内容与传递方式应该是相互统一的,这是设计作品成功的必要条件。多媒体课件界面中不同的内容需要由不同的色彩来表现。利用不同色彩自身的表现力、情感效应以及审美心理感受,可以使多媒体课件的内容与形式有机地结合起来,以色彩的内在力量来烘托主题、突出主题。

2. 视觉区域划分

多媒体课件的首要功能是传递教学信息,色彩正是创造有序的视觉信息流程的重要元素。利用不同色彩进行视觉区域划分,是视觉传达设计中的常用手法,在多媒体课件制作中有不同的主次部分,即信息分布及顺序排列的问题。利用色彩分布,可以将不同类型的信息分类排布,并利用各种色彩带给人的不同心理效果,很好地区分出主次顺序,从而形成有序视觉流程。

3. 满足学习者特征

在多媒体课件设计中,用彩色可以表达一定的学习内容和适合于一定的学习者,不同的教学内容、不同的学习者由于年龄以及学习动机情感、知识结构和文化背景不同,采用的配色方案也不同。想要制作一个受学习者喜欢的多媒体课件作品不是一件容易的事。课件设计者如何利用色彩的力量,设计出符合教学目的,真实悦目的界面,并引起学生的关注,是迈向成功的第一步。

4. 增强艺术性

色彩设计应用于多媒体课件设计中,给课件作品带来了鲜活的生命力。色彩既是视觉信息传达的方式,又是艺术设计的语言。色彩设计对界面设计作品的艺术品位起着举足轻重的作用,不仅在视觉上,而且在心理作用和象征作用中都可以得到充分的体现。以色彩的科学知识为基础,进而从美学的角度去探讨色彩设计的表现形式,可以大大增强多媒体课件设计作品的艺术性,创造出更富审美情趣的作品。

从色彩的作用可以看出,科学的、高度审美的色彩设计,是多媒体课件设计的重要元素,也是界面设计中技术与艺术结合发展的重要标志。作为课件的设计者和制作者,必须具有较高的色彩方面的素养,掌握色彩方面的美学知识,并创造性地应用于课件设计中。

第 4 章　图像与文字素材的制作

【概述】 本章对图像处理软件 PhotoshopCS 的工作界面,以及各类工具进行详细介绍,重点是通过对图层的应用、绘画与文字编辑、滤镜应用等内容的介绍,使学习者掌握课件中的图像与文字素材的制作和修饰方法。在众多图像处理软件中,Photoshop 以其强大的功能成为桌面出版、影视编辑、网页设计、多媒体设计等行业的主流设计软件,它不仅提供强大的绘图工具,可以直接绘制艺术文字、图形,还能直接从扫描仪、数码相机等设备采集图像,并对它们自发进行修改、修复,调整图像的色彩、亮度,改变图像的大小,而且还可以对多幅图像进行处理,并增加特殊效果,使现实生活中很难遇见的景象十分逼真地展现出来。特别是推出的 PhotoshopCS,不仅在影视编辑功能上做了很大的调整,同时也为平面设计者带来了很多新功能,如文字沿路径排列、颜色匹配工具、图层比较、新的图层样式、新增的色彩调整命令等,这些功能都为我们实现多媒体课件制作和创意带来了方便。

4.1　PhotoshopCS 概述

使用 PhotoshopCS 需要接触一些专业术语,如矢量图、位图、分辨率、图像文件格式等。下面介绍这些专业术语的含义。

4.1.1　几个专业术语

1. 矢量图

矢量图由图形的几何特性来进行描述。矢量图与分辨率无关,矢量图可以按任意分辨率打印,而不会丢失细节或降低清晰度。因此,矢量图最适合表现醒目的图形。

2. 位图

位图又称为点阵图,它是由许多像素组成的。处理位图时,实际上是编辑像素而不是图像本身。因此,在表现图像中的阴影和色彩的细微变化方面位图是最佳的选择。位图的清晰度与其分辨率有关,因此,利用 PhotoshopCS 进行平面设计时,必须设置适当的分辨率,否则图像中将出现锯齿边缘。

3. 分辨率

在位图中,图像的分辨率是指单位长度上的像素数,习惯上用每英寸[①]中的像素数来表示(简写为 ppi)。相同尺寸的图像,分辨率越高,单位长度上的像素数越多,图像越清晰;分辨率越低,单位长度上的像素数越少,图像越粗糙。处理图像时,要注意"显示器的分辨率""图像的分辨率"和"打印机的分辨率"三者之间的区别。

"显示器的分辨率"是指在显示器屏幕上单位长度显示的像素数。通常计算机的显示器分辨率是 72 像素/英寸。

"打印机的分辨率"是指输出图像时单位长度上的油墨点数,通常以点/英寸表示。打印机的分辨率决定了输出图像的质量。通常,图像的质量决定于图像自身的分辨率及打印机的分辨率,而与显示器的分辨率无关。

4. 常见的图像文件格式

在处理图形图像时,要随时对文件进行存储,以便再打开修改或调到其他的图像软件中进行编辑,这就需要将图像存储为正确的图像格式。Photoshop 支持多种图像格式,在存储图像时要合理选择图像格式。下面介绍一些常见的图像格式。

(1) PSD 文件

PSD 文件是 Adobe 公司开发的专门用于支持 Photoshop 的默认文件格式,其专业性较强,支持所有的图像类型。此格式的图像文件能够精确保存图层与通道的信息,但占据的磁盘空间较大。

(2) JPEG 文件

JPEG 文件是应用最广泛的一种可跨平台操作的压缩格式文件,其最大的特点是压缩性很强。

(3) TIFF 文件

TIFF 文件是 Aldus 公司为 Mac 机设计的图像文件格式,可跨平台操作,多用于桌面排版、图形艺术软件,可保存 Photoshop 通道信息。

(4) GIF 文件

GIF 文件是 CompuServe 公司开发的一个压缩 8 位图像的工具,只能支持 256 种颜色,主要用于网络传输、主页设计等。

(5) BMP 文件

BMP 文件是 Microsoft 公司开发的一种 Windows 下的标准图像文件格式,可跨平台操作,无损压缩,清晰度很高。

---

① 1 英寸 = 25.4 mm。

4.1.2 PhotoshopCS 界面

在界面风格上，PhotoshopCS 基本保持 Adobe 公司的传统风格，但和老版本相比也有一些变化。启动 PhotoshopCS 以后，给用户带来的最直观的变化是 PhotoshopCS 增加了一个漂亮的欢迎画面。在这个画面中，主要提供了教程、提示和颜色设置管理三组选项。当用户需要了解某项信息时，单击相应的选项就可以进入帮助系统，或者连接到 Adobe 公司的网站。

进入 PhotoshopCS 应用程序后，显示 PhotoshopCS 界面，如图 4－1 所示。单击菜单栏中的“文件/打开”命令，在图像窗口就打开一幅图像。由图 4－1 可以看出，PhotoshopCS 的工作界面主要由标题栏、菜单栏、工具选项栏、工具箱、控制面板、状态栏、图像窗口等部分组成。

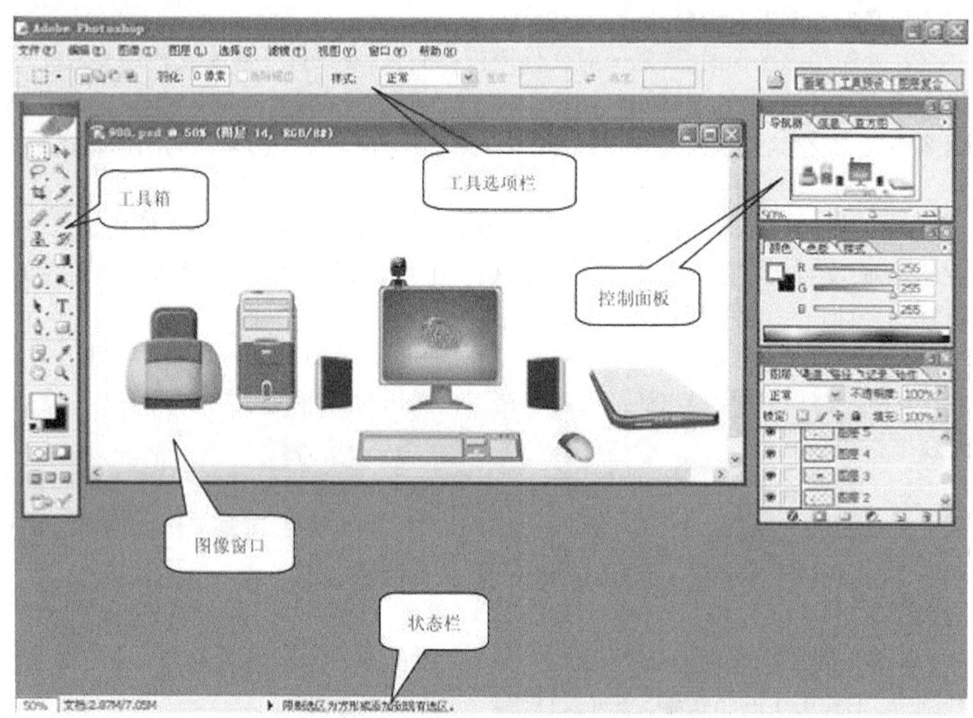

图 4－1　PhotoshopCS 工作界面

4.1.3　工具箱

PhotoshopCS 工具箱中共有 22 个工具组,56 个具体工具。它们主要用于区域的选择、图像的编辑、颜色的选取、屏幕视图控制等操作。使用时单击工具图标,其中大部分的工具有扩展选项,这类图标的右下角有一个三角标志,用鼠标单击片刻即可以弹出扩展选项,如图 4 - 2 所示。

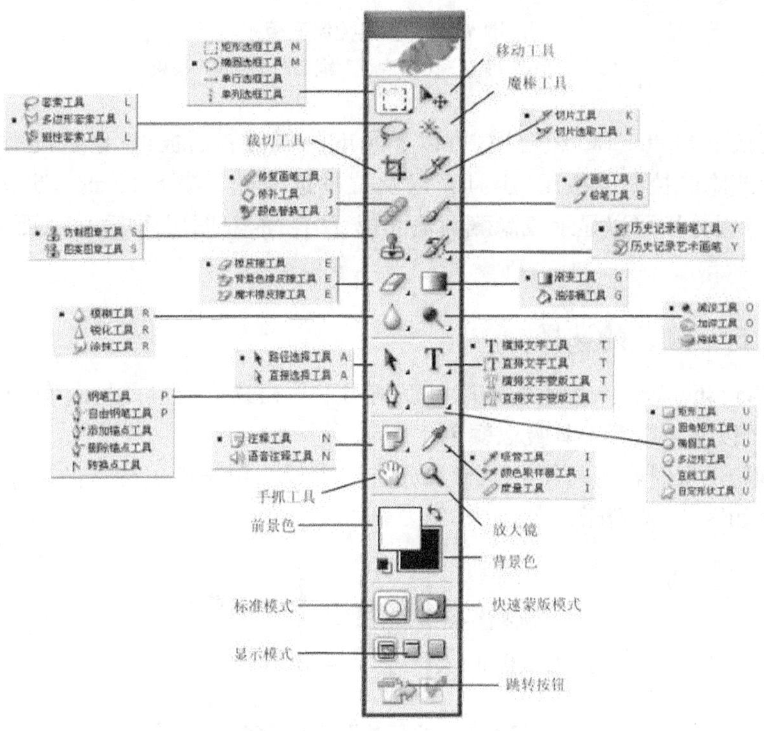

图 4 - 2　工具箱及扩展选项

4.1.4　控制面板

使用面板可以方便地编辑、修改图像,PhotoshopCS 为用户提供了多组控制面板,图 4 - 3 所示分别为“导航器”面板、“颜色”面板和“动作”面板。

控制面板在使用时可以利用窗口菜单显示或隐藏。控制面板组可以自由移动、拆分或组合,具体操作方法为:将鼠标指针指向面板组的标题栏后按住鼠标左键拖曳,可以移动面板组的位置;将鼠标指针指向控制面板的名称处按住鼠标左键拖曳,可以拆分面板组;如果将面板拖曳到另一个面板组中,则可以重新组合面板。

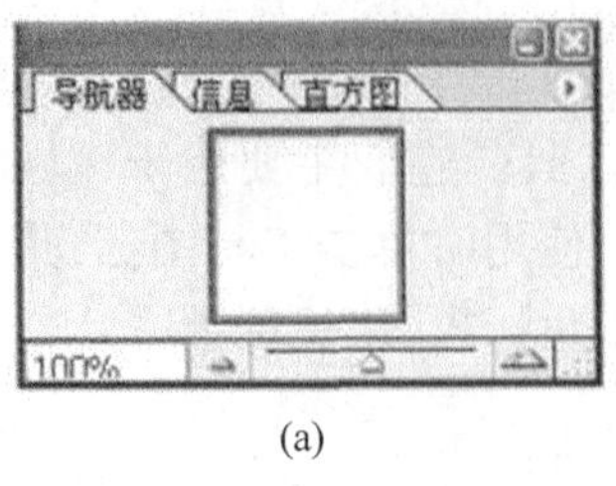

(a)

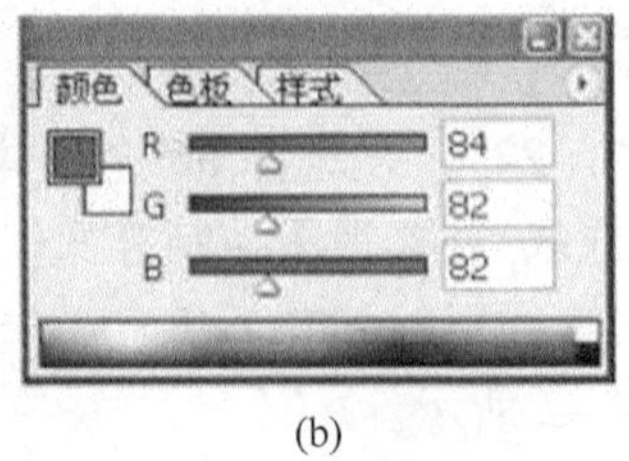

(b)

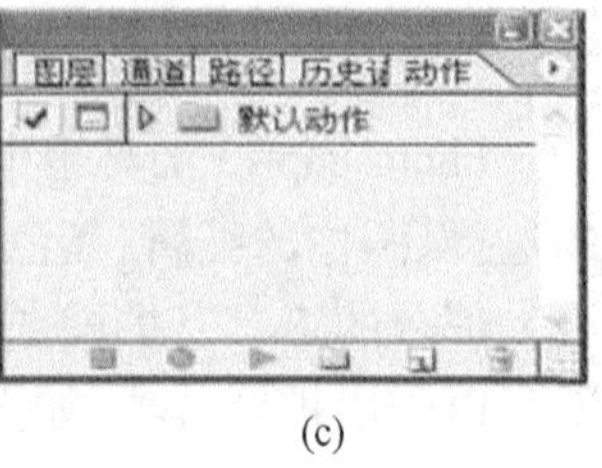

(c)

图 4－3　多组控制面板

(a)“导航器”面板;(b)“颜色”面板;(c)“动作”面板

重复按下 Shift + Tab 组合键,可以显示或隐藏控制面板组;重复按下 Tab 键,可以显示或隐藏控制面板组、工具箱以及工具选项栏。按下 F5 键、F6 键、F7 键、F8 键、F9 键,分别可以显示或隐藏画笔面板、颜色面板、图层面板、信息面板和动作面板。

4.1.5　颜色的选择

在 PhotoshopCS 中,颜色的选取可以利用工具箱选取,也可以在“色板”面板中选取,还可以使用吸管工具吸取颜色。

工具箱选取时在工具箱的下半部分有一个专门用于设置颜色的前景色、背景色的色块如图 4－4 所示。

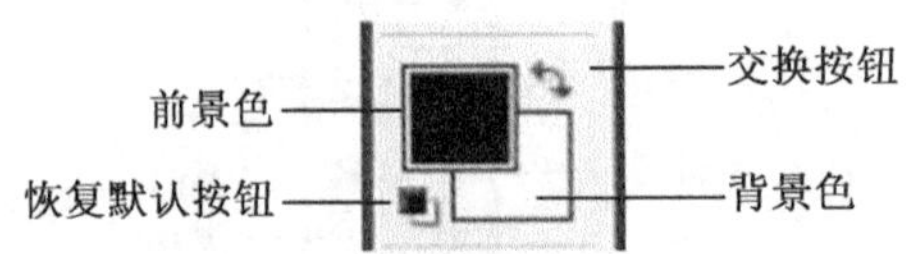

图 4－4　设置前景、背景颜色

单击前景色或背景色色块,则弹出“拾色器”对话框,如图 4－5 所示。在该对话框中设置任何一种色彩模式的参数值,都可以选取相应的颜色。

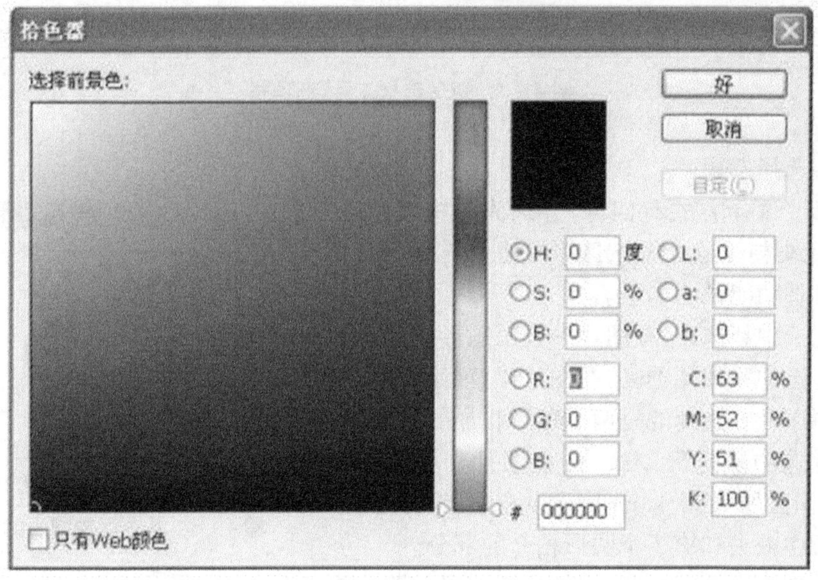

图 4－5　“拾色器”对话框

4.2　选取工具的使用

4.2.1　选框工具

“选框工具”主要是选择要编辑的区域或者目标，如图 4－6 所示。

这组工具适用于在图像中创建规则的选择区域，如矩形、椭圆、单行、单列等选择方式。选择矩形或椭圆选框工具，在图像中拖曳鼠标，可以创建矩形或椭圆形选择区域。按住 Shift 键的同时在图像中拖曳鼠标，可以创建正方形或圆形选择区域。

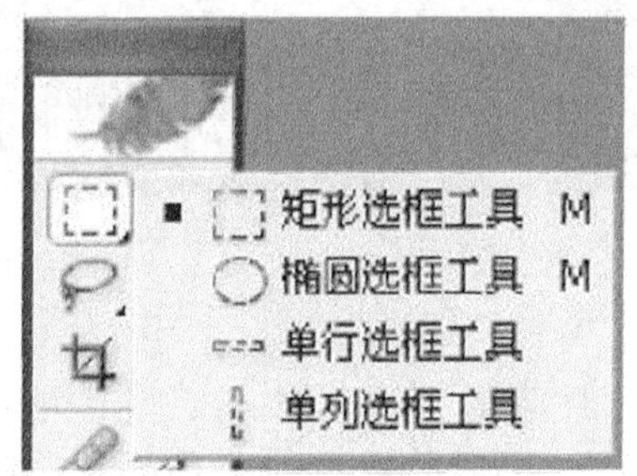

图 4－6　选框工具组

选择单行或单列选框工具，可以创一个像素高度或宽度的水平或垂直选择区域，常用于修补图像中丢失的像素线或创建参考线。选择任意一个选框工具后，工具选项栏中将显示其相关的属性。图4－7所示为“矩形选框工具”选项栏。

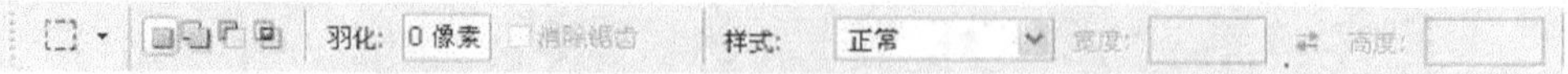

图 4 – 7　矩形选框工具"选项栏

1. 选择方式

修改选择方式有四种，分别为选中新选区、选中添加到选区、选中从选区中减去和选中与选区交叉。各种功能说明如下。

图 4 – 8　从选区中减去的效果

①选中新选区：在图片中拉出矩形选框。

②选中添加到选区：在图片中连续拉出两个矩形选择区域。选择的是两个矩形相加的区域。

③选中从选区中减去：在图片中拉出两个圆形，选择区域如图 4 – 8 所示。选择区域是从第 1 个圆形中减去和第 2 个圆形相交的部分。

④选中与选区交叉：先拉出一个圆形后再拉出一个矩形选框，如图 4 – 9 所示。选中的是圆形和矩形的相交部分，一个扇形区域。

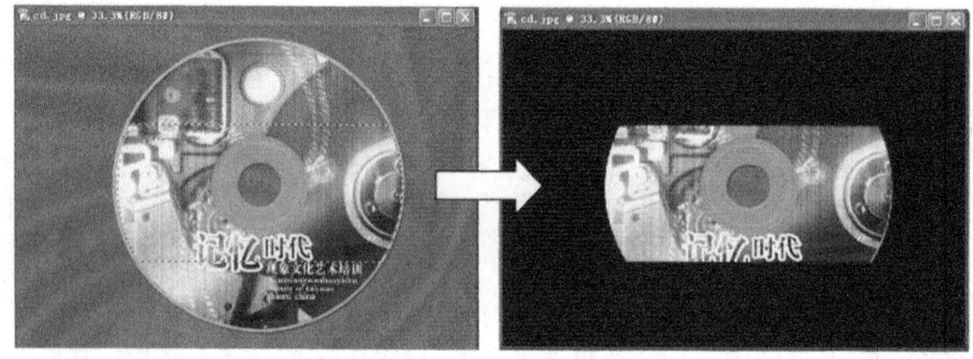

图 4 – 9　与选区交叉的效果

2. 羽化

用于设置选择区域边缘的柔化程度，使边缘像素产生模糊效果，如图 4 – 10 所示。

3. 消除锯齿

选择该复选框，可以使选择区域的锯齿状边缘最大限度地变得平滑。该复选框只有选择椭圆选框工具时才可用。

(a)

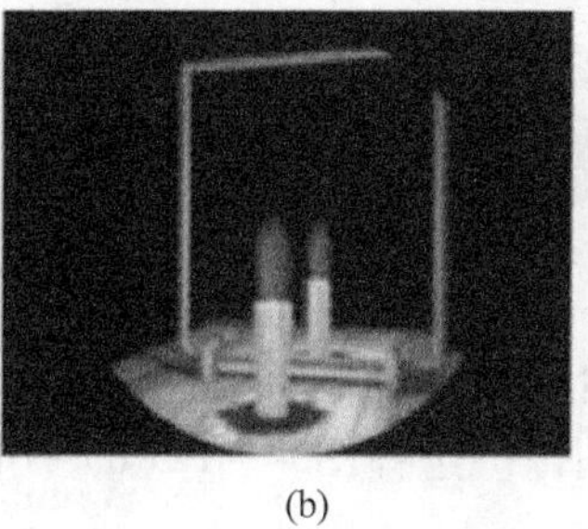
(b)

(c)

图 4－10　“羽化”的使用

(a)原图片;(b)羽化为 0;(c)羽化为 10

4. 样式

用于设置选择区域的创建风格。选择“正常”选项时可以拖曳鼠标进行自由选择;选择“固定长宽比”选项时可以按照一定的长、宽比例创建选择区域;选择“固定大小”选项时可以按照预设的宽度和高度创建选择区域。

4.2.2　套索工具组

套索工具组也是一种常用的范围选取工具,这组工具适用于在图像中创建任意形状的选择区域。套索工具组包含三种工具,分别是套索工具、多边形套索工具和磁性套索工具,如图 4－11 所示。

图 4－11　套索工具组

1. 套索工具

在图像中按住鼠标左键拖曳,直到选择完所需的区域后释放鼠标,则轨迹所封闭的区域即为创建的选择区域。选择图 4－12(a)中所示的“草帽”可以采用套索工具。

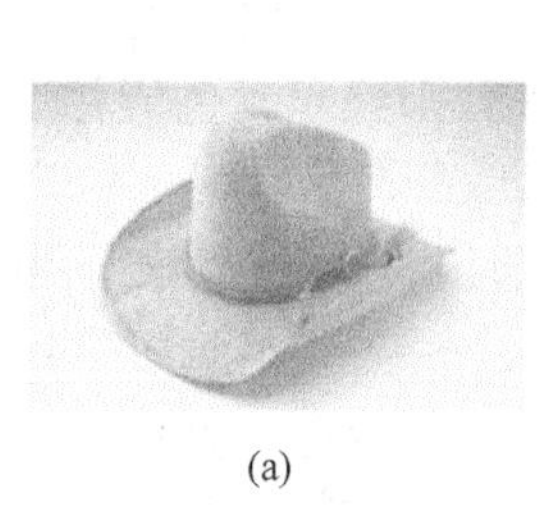
(a)

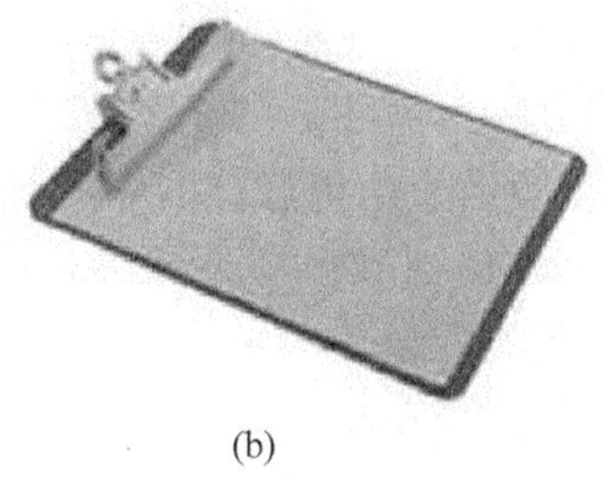
(b)

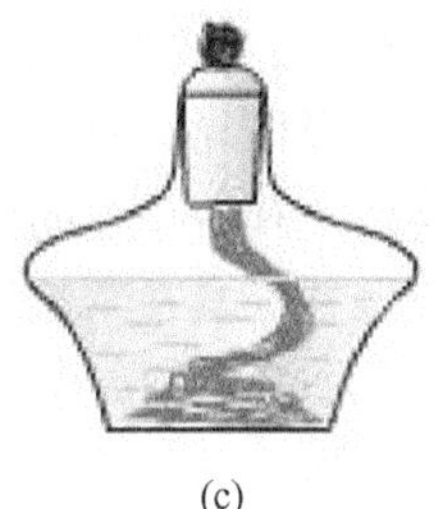
(c)

图 4－12　套索工具的使用

(a)草帽;(b)文件夹;(c)酒精灯

2. 多边形套索工具

在图像中单击要选择区域的每一个顶点，当光标移回到起点时单击鼠标，即可创建多边形的选择区域。选择图 4－12(b)中所示的文件夹可以采用多边形套索工具。

3. 磁性套索工具

可以沿着图像的边缘自动地创建选择区域。该工具适用于快速选择边缘与背景对比强烈且边缘复杂的图像。选择图 4－12(c)中所示的酒精灯可以采用磁性套索工具。

套索工具和多边形套索工具选项栏中的选项设置比较简单，只有“羽化”和“消除锯齿”两个选项。图 4－13 所示为“套索工具”选项栏。

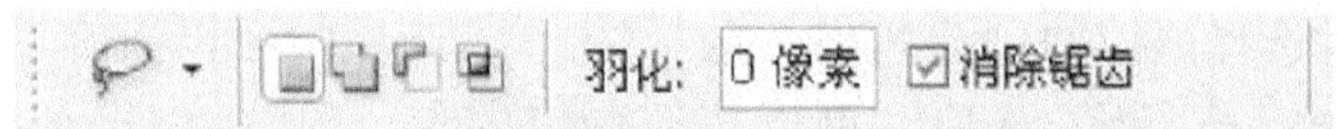

图 4－13 “套索工具”选项栏

4.2.3 魔棒工具

魔棒工具适用于选择颜色相近的连续区域。选择魔棒工具后，工具选项栏中将显示其相关的属性，如图 4－14 所示。

图 4－14 “魔棒工具”选项栏

1. “容差”(见图 4－14)

用于确定选择区域的大小，值为 1～100，取值越大，选择的区域也越大。

2. “连续的”(见图 4－14)

选择该复选框，可以建立颜色值相近的连续选择区域；否则建立颜色值相近的不连续选择区域。图 4－15 所示为两种选择区域的对比。

魔棒工具在单击后可以自动把颜色相近的色块作为选区，极大地方便了编辑工作，而且往往得到意想不到的效果。

选区在完成后，可以选择下拉菜单“选择/存储选区”命令，保存好选区。等待下次使用时，通过单击下拉菜单“选择/载入选区”命令，调用原来选好的选取。

(a)

(b)

图 4－15　两种选择区域对比

(a)不连续的选择区域;(b)连续的选择区域

4.2.4　移动工具

移动工具主要用于图像、图层或选择区域的移动,使用它可以完成排列、移动、复制等操作。选择移动工具后,工具选项栏中将显示其相关选项,如图 4－16 所示。

图 4－16　“移动工具”选项栏

1. 选择“自动选择图层”复选框

选择“自动选择图层”复选框后,在图像窗口中单击图像的某一部分,可以选择并移动该图像所在的图层;否则只能移动当前图层中的图像。

2. 选择“显示定界框”复选框

选择“显示定界框”复选框后,当前图层的图像四周出现定界边框,将鼠标指针指向边框的控制点,在移动图像的同时可以进行变形操作。单击工具选项栏右侧的对齐和分布按钮,可以对齐、分布图层中的图像。

4.2.5　裁切工具

裁切工具用来对图片进行裁切操作,可以将图片的某一部分裁切出来,单击该按钮后,在图像中可以拖出一个矩形区域,用鼠标可以调整缩放、旋转、设定图像的分辨率等,如图 4－17 所示。双击鼠标,或者按 Enter 键将提交选区;按 Esc 键后将取消选区。

图 4－17　裁切工具的使用

选择裁切工具后，工具选项栏中将显示其相关选项，如图 4－18 所示。

☐自动选择图层　☐显示定界框

图 4－18　“裁切工具”选项栏

4.2.6　切片工具

在网络上浏览图片时，为了达到比较好的浏览效果，加快网络的下载速度，减小图片的大小是一个很好的办法。切片工具就是用来把一幅图片分割成几部分保存，加快网络的下载速度。图 4－19 所示为切片工具的使用效果。

切片工具对图片进行分割操作时，在单击切片工具按钮后，在图像中可以拖出一个矩形区域，根据需要可以把一幅图片分割成几部分，错误切片可以按 Del 键删除，设置完毕后，在“文件”菜单中选择“保存为 Web 所用格式”，打开保存的文件夹可以看到所有被分割的图片，如图 4－20 所示。

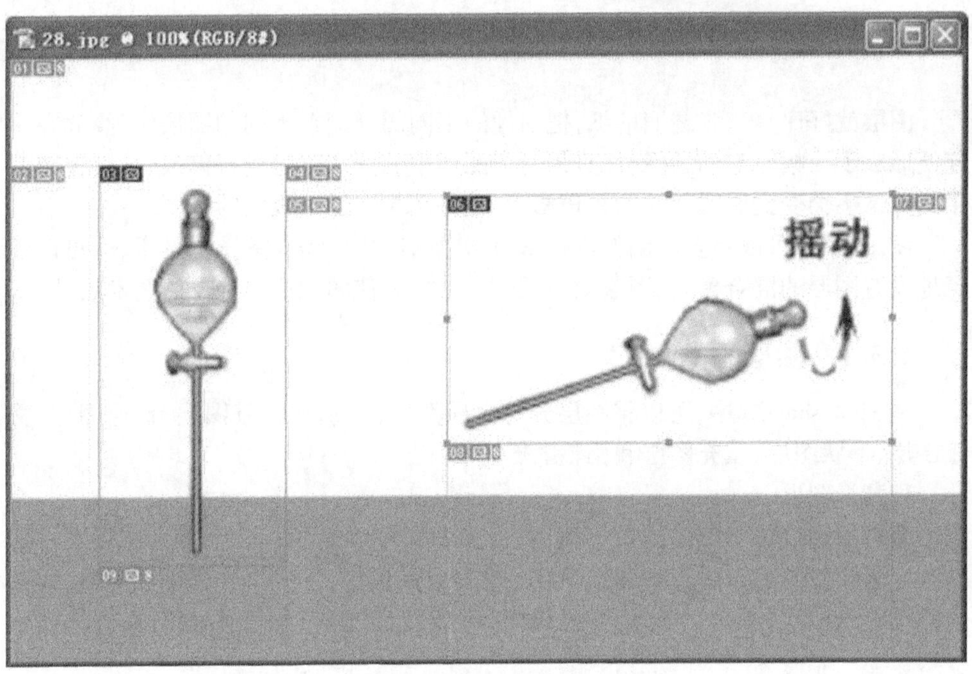

图 4 – 19　切片工具的使用效果

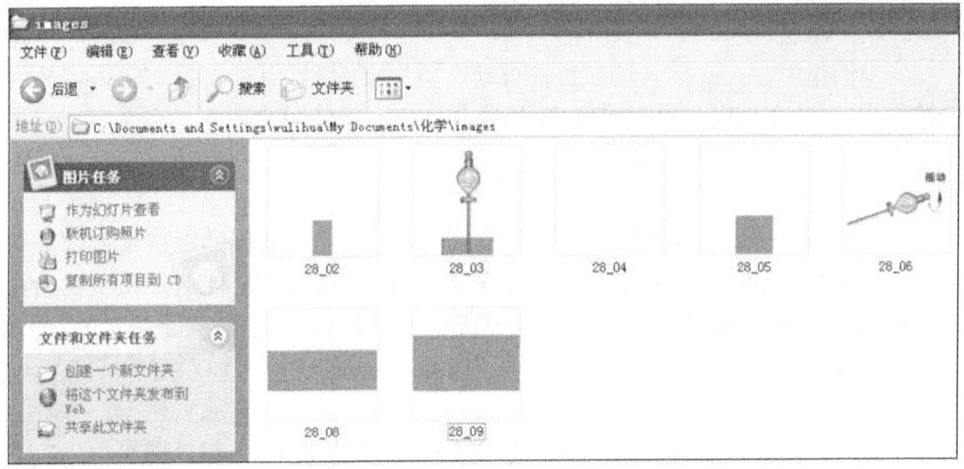

图 4 – 20　被分割后的图片效果

4.3 图层的应用

图层就好比是一张透明的纸，把图像的不同部分画在不同的图层中，叠放在一起便形成了一幅完整的图像，而对每一个图层中的图像内容进行修改时，其他图层中的图像不会受到影响。这为用户修改、编辑图像提供了极大的方便。

使用图层，可以将多幅图像进行修剪、叠加，产生所需要的图像效果，还可以任意地设置图层的混合模式、图层蒙版、图层样式等，使图像产生神奇的艺术效果。

4.3.1 图层的类型

在 PhotoshopCS 中，可以将图层分为六种类型，分别是背景图层、普通图层、文字图层、形状图层、填充图层和调整图层。

1. 背景图层

该图层始终位于图像的最下面，一个图像文件中只能有一个背景图层。一般在建立新文件时将自动产生背景图层。在背景图层中，许多操作都受到限制，如不能移动背景图层，不能改变其不透明度，不能使用图层样式，不能调整其排列次序等。

2. 普通图层

普通图层是指用于绘制、编辑图像的一般图层，在普通图层中可以随意地编辑图像，在没有锁定图层的情况下，任何操作都不受限制。

3. 文字图层

当向图像中输入文字、数字时，将自动产生文字图层，由于它对文字内容具有保护作用，因此在该图层上许多操作受到限制，如不能使用绘图工具在文字图层中绘画，不能对文字图层填充颜色等。

4. 形状图层

当使用形状工具绘制图形时，可以产生形状图层。该类型的图层由两部分构成，一部分是图层本身，另一部分是矢量图形蒙版。也就是说，使用形状工具绘出的图形可以理解为是由图层蒙版产生的图形，只不过这种图层蒙版是矢量的，可以方便地调整外形。

5. 填充图层

使用“新填充图层”命令可以在图层面板中创建填充图层，填充图层可以有三种形式，分别是纯色填充、渐变填充和图案填充。

6. 调整图层

它是一种特殊的色彩校正工具，通过它可以调整位于其下方的所有可见层中的像素色彩,而不必对每一个图层都进行色彩调整,同时它又不影响原图像的色彩,就好像戴上墨镜看风景一样。所以,它在图像的色彩校正中有较多的应用。

4.3.2　图层面板

在 PhotoshopCS 中,对图层的操作主要是在图层面板中进行的。

在图像设计过程中,使用最频繁的就是图层面板,它在 Photoshop 中的重要地位显而易见。在图层面板中,用户可以创建、隐藏、显示、复制、合并、链接、锁定及删除图层。

单击菜单栏中的"窗口/图层"命令,或者按下 F7 键,将打开图层面板,如图 4－21所示。

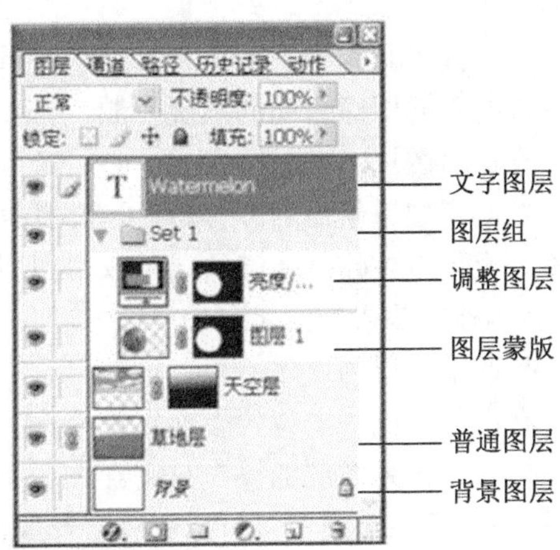

图 4－21　图层与图层面板

4.3.3　图层的操作

在 PhotoshopCS 中,对图层的操作主要是在图层面板中完成,当然还有一些其他的方法。图层的操作有新建图层、复制图层、命名图层、改变图层的次序、链接图层、合并图层、删除图层等。

1. 新建图层

新建图层有以下几种方法:

①单击图层面板上的按钮,可以在当前图层的上方创建一个新图层。

②单击菜单栏中的"图层/新建/图层"命令,弹出"新图层"对话框,可以创建一个新图层。

③单击图层面板右上角的按钮，从打开的面板菜单中选择“新图层”命令，可以创建一个新图层。

2. 复制图层

复制图层有以下几种方法：

①在图层面板中，将鼠标指针指向要复制的图层，按住鼠标左键向下拖曳至按钮上，可以复制一个图层。

②单击菜单栏中的“图层/复制图层”命令，可以复制当前图层。

③单击图层面板右上角的按钮，从打开的面板菜单中选择“复制图层”命令，可以复制当前图层。

④选择工具箱中的工具，按住 Alt 键的同时在图像窗口中拖曳鼠标，可以复制当前图层。

⑤选择工具箱中的工具，按住鼠标左键将图层从源图像中拖曳到目标图像中，可以进行不同图像之间的图层复制。

3. 命名图层

要对图层重新命名，可以直接在图层面板中双击图层名称，然后输入新的图层名称。也可以按住 A1t 键的同时双击图层名称，则弹出“图层属性”对话框，在“名称”文本框中输入新的名称即可。

4. 改变图层的次序

在图像中同一个位置上存在多个图层内容时，不同的排列顺序将产生不同的视觉效果。排列图层的操作只需在图层面板中，将鼠标指针指向要调整顺序的图层，按下鼠标左键拖曳至目标位置后释放鼠标左键，就可以调整图层的排列顺序。

5. 链接图层

为图层建立了链接关系以后，移动图像时可以保持各图层中图像的相对位置不变，当移动某一个图层时，与该图层存在链接关系的其他图层将同时发生移动。

链接图层时，在图层面板中选择要建立链接的图层作为当前图层，单击要与当前图层建立链接的图层链接图标，当图标变为链接状态时，表明该图层与当前图层建立了链接关系。如果要与多个图层建立链接，可以在这些图层的链接图标区域上拖动鼠标。

6. 合并图层

一个图像文件可以含有很多图层，但是过多的图层将占用大量内存，影响计算机处理图像的速度，所以在处理图像过程中，需要及时地将处理好的图层进行合并，以释放内存。在图层面板中单击右上角的按钮，在弹出菜单中有三种合并图层命令，即“向下合并”“合并可见图层”和“拼合图层”。

7. 删除图层

在处理图像的过程中，当不再需要某个图层时就将其删除。

删除图层的基本操作是在图层面板中选择要删除的图层，单击面板下方的按钮删除所选图层。也可以将要删除的图层向下拖曳至按钮上，释放鼠标后删除所选图层。

4.3.4　图层样式的使用

图层样式其实是一些滤镜效果的简化使用，如投影、内阴影、斜面与浮雕、发光、描边等，如图4－22所示。

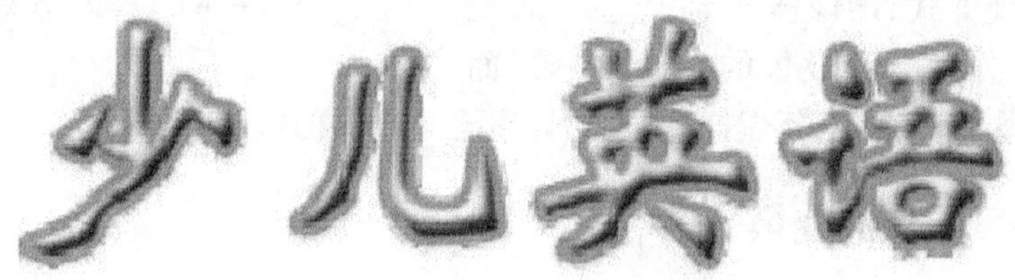

图 4－22　图层样式使用效果

单击下拉菜单“图层/图层样式/混合选项”，弹出“图层样式”对话框，如图4－23所示。

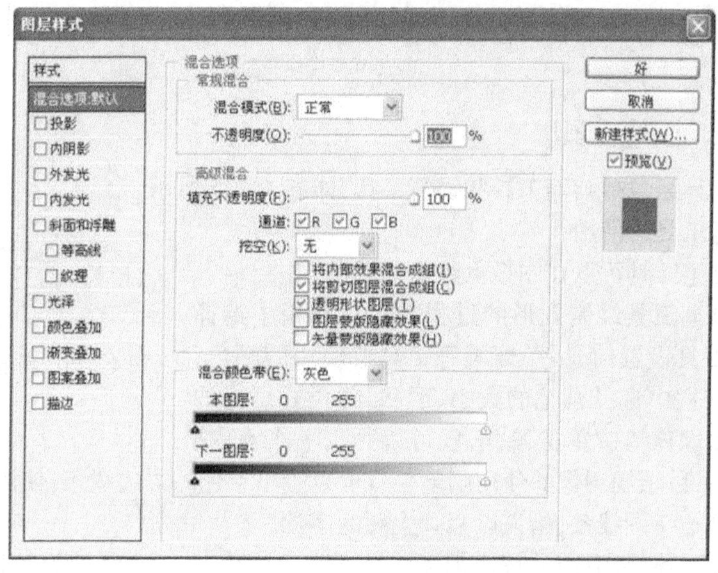

图 4－23　“图层样式”对话框使用

图层样式可以轻松地完成以前需要由滤镜创作的效果，可以极大地简化工作流程。另外，在文字图层中，文字处于被保护的状态，种种操作受到限制，而使用图层样式可以在不改变图层性质的情况下，轻而易举地创造引人注目的艺术文字。同样，在"样式"面板中也存放了系统预设的一些常用图层样式，如图4－24所示。

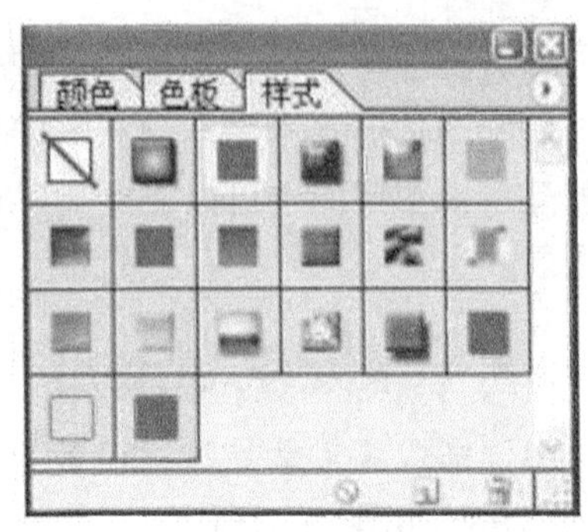

图4－24 "样式"面板

"样式"面板中的样式包括按钮样式、文字样式、纹理样式、图像样式等，这些样式也是为提高工作效率而设置的。在"样式"面板中，用户既可以查看、新建样式，又可以管理、应用样式。

4.3.5 图像的变换

变换操作包括变换和自由变换，主要是改变选区或者背景层之外的图层的大小和位置，可以使其拉长、变宽、旋转或翻转。操作时先用选取工具框选出区域，单击"编辑"菜单中的"变换"或"自由变换"命令后出现变形调整框，当鼠标位于变形调整框之外时，移动鼠标可以拉长、变宽、旋转选区。

4.4 绘画与编辑

4.4.1 画笔工具

画笔工具组包括画笔工具和铅笔工具，如图4－25所示。

1. 画笔工具的使用

使用画笔工具可以在图像上绘出前景色。

图4－25 画笔工具组

使用画笔工具绘制图形的过程是在工具箱中选择一种画笔工具设置前景色，即画笔工具要使用的颜色，在工具选项栏中选择画笔的大小、形状，并设置所需的模式。在图像窗口中单击鼠标，就可以画出一个点；拖曳鼠标，则可以绘制图像。使用画笔工具可以绘出彩色的柔边线条；使用铅笔工具可以绘出硬边手画线条，给人以笔画生硬的感觉。

选择了工具箱中的绘图工具后，工具选项栏中将显示出相关的选项，如图

4 –26所示。

图 4 –26　“绘图工具”选项栏

2. 自定义画笔

在 PhotoshopCS 中,用户可以将现有的图像设置为画笔,该功能极大地增强了 Photoshop 的绘画能力,也拓展了用户的创作思维。

自定义画笔的基本操作步骤如下:打开一幅图像,使用选择工具选择所需要的图像,如图 4 –27 所示,单击菜单栏中的“编辑/定义画笔预设”命令,则弹出“画笔名称”对话框,在“名称”文本框中为画笔命名,单击“好”按钮,则自定义了一个画笔。定义了画笔后,用户就可以像系统预设的画笔一样随意使用。

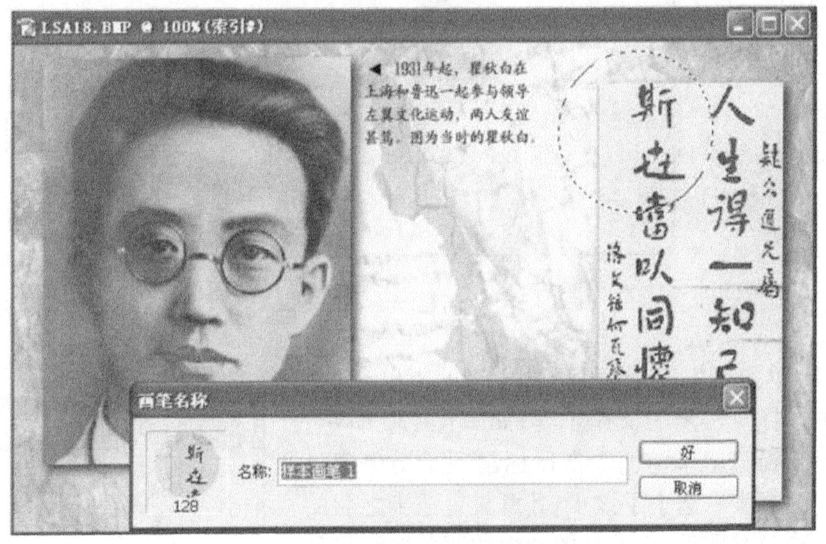

图 4 –27　自定义画笔示意图

4.4.2 历史记录画笔工具

历史记录画笔组中有两种工具，如图 4－28 所示。

这里只介绍其中的历史记录画笔工具，该工具是恢复工具，需要配合历史记录面板使用，在该面板中罗列了所做的操作步骤。使用方法如下。

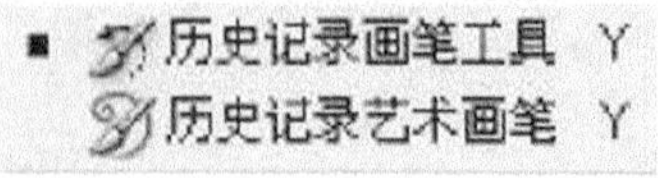

历史记录画笔工具 Y
历史记录艺术画笔 Y

图 4－28 历史记录画笔组

(1)画一幅化学分子连接模型，用铅笔做四个“小球”，用画笔分别连接起来，如图 4－29 所示。

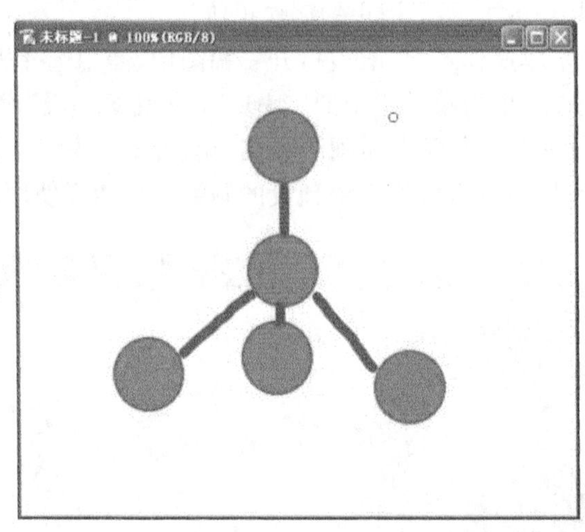

图 4－29 化学分子连接模型图

(2)单击历史记录画笔图标后在“历史记录”面板中选择要恢复的操作步骤，如图 4－30 所示。在第五个铅笔记录前面单击鼠标出现了历史记录画笔的图标表示选中了该步，其意义是该步之后的所有操作都被取消，也就是图片中的四条连线将从图片中消除。

(3)按住鼠标左键在图片中移动即可以取消后面的操作，结果如图 4－31 所示。

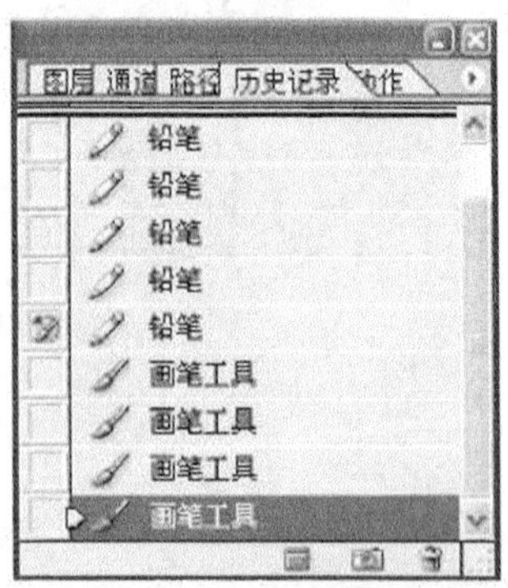

图 4－30 历史记录

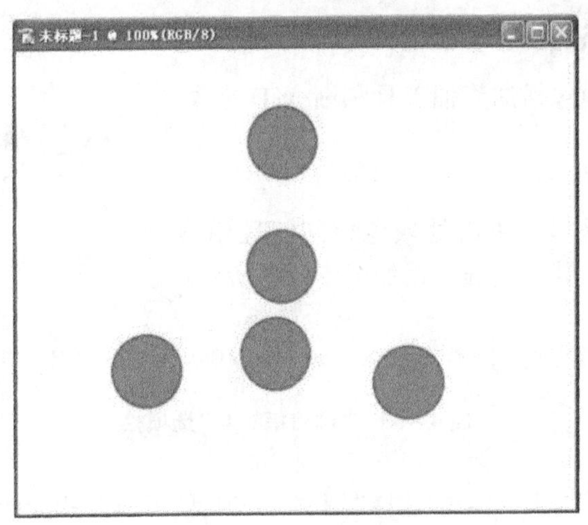

图 4－31　取消后结果

4.4.3　橡皮工具

橡皮工具组包括橡皮擦工具、背景色橡皮擦工具和魔术橡皮擦工具,如图 4－32 所示。这组工具主要用于擦除图像,另外,还可以用于选择、填充等操作。

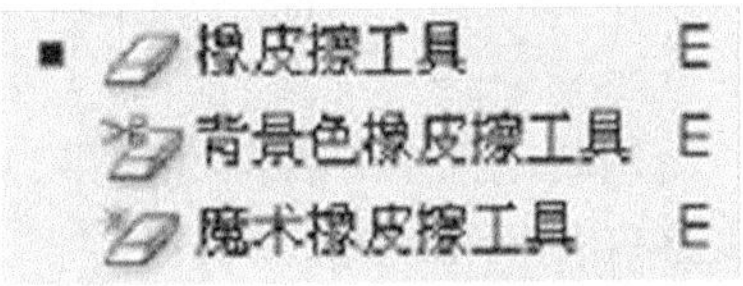

橡皮擦工具　E
背景色橡皮擦工具　E
魔术橡皮擦工具　E

图 4－32　橡皮工具组

1. 橡皮擦工具

选择橡皮擦工具,在图像中擦除时,橡皮经过的区域以背景色或前景色填充。

2. 背景色橡皮察工具

选择背景色橡皮擦工具,可以清除图像中指定范围的像素。

3. 魔术橡皮擦工具

选择魔术橡皮擦工具,可以迅速清除指定误差范围内的像素。选择了不同的橡皮工具后,工具选项栏中将显示其相关的选项,如图 4－33 所示。

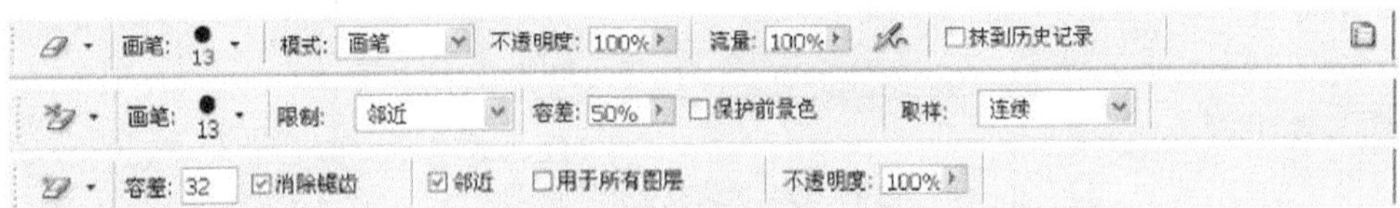

图 4－33　“橡皮工具”选项栏

4.4.4 填充工具

填充工具组中包括油漆桶工具和渐变工具，如图 4 – 34 所示。

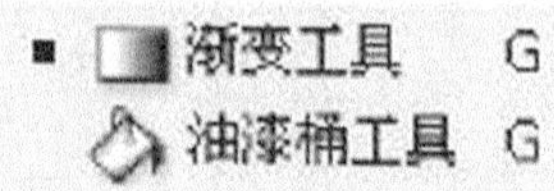

图 4 – 34 填充工具组

1. 油漆桶工具

油漆桶工具是对和单击处颜色相同的且相连的区域进行填充。其工具选项栏如图 4 – 35 所示。

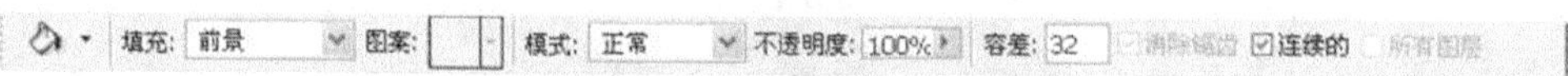

图 4 – 35 “油漆桶工具”选项栏

如果在“填充”下拉列表中选择“图案”选项，就可以在相应的位置填充图案。

2. 渐变工具

渐变工具用来填充多种渐变效果，其工具选项栏如图 4 – 36 所示。

图 4 – 36 “渐变工具”选项栏

使用时先选定一种渐变效果，单击鼠标选择起点后拖动鼠标，释放鼠标后，即确定终点，一个渐变效果就做好了。在拖动鼠标时出现的线段是用来控制渐变的方向和深浅，颜色条显示的是填充的效果，单击颜色条右边的下拉按钮后，可以弹出所有的“填充效果”选项，如图 4 – 37 所示。

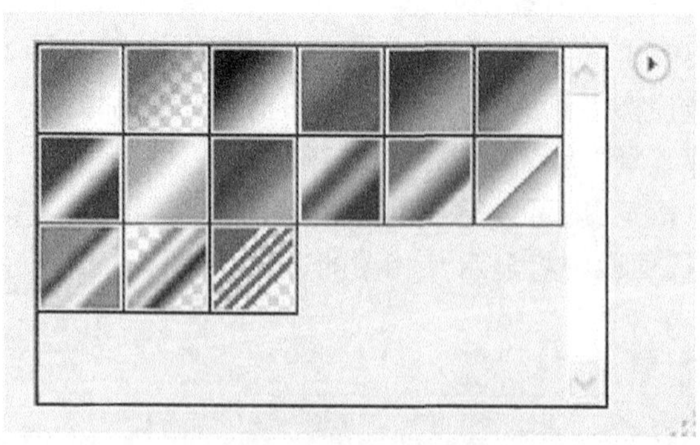

图 4 – 37 “填充效果”选项

如果对选择的渐变色效果不满意,可以对其进行编辑。双击颜色条后弹出“渐变编辑器”对话框,如图 4-38 所示。单击色标后,“色标”栏中的“颜色”变为可用状态。单击“色标”框中的“颜色”,弹出“拾色器”对话框。

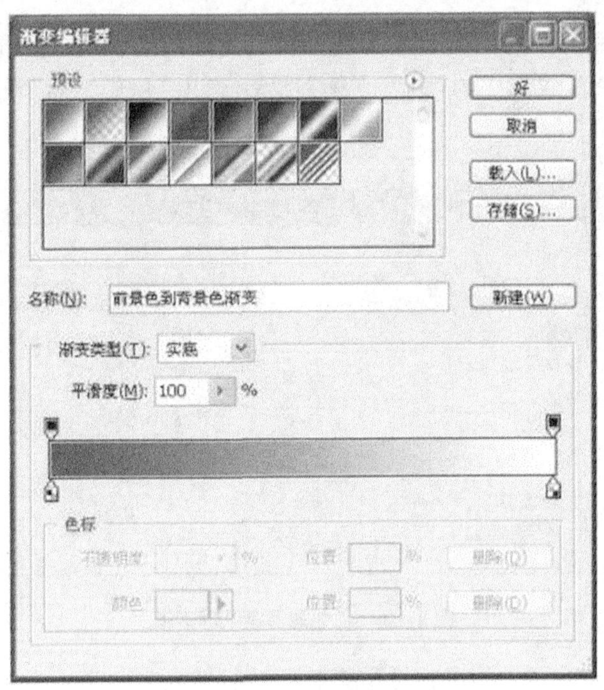

图 4-38　“渐变编辑器”对话框

4.5　图像修饰

4.5.1　图像的调整

打开图像菜单,这里提供了丰富的图像调整功能,下面主要介绍“调整”“图像大小”“画布大小”和“旋转画布”四项功能。

1. 调整

“调整”功能体现了 PhotoshopCS 对颜色编辑的强大功能。单击“图像/调整”命令可以弹出如下扩展选项。

(1)自动对比度

自动调整图片的对比度。对一幅图片应用了该功能后,使得原来比较亮的区域更亮,原来比较阴暗的区域更加阴暗,增加了图片的对比度。

(2)色彩平衡

用来调整图片中的暗调区、中间调区和高光区的色彩成分并混合各色彩达到平衡。单击“调整”菜单中的“色彩平衡”命令,弹出“色彩平衡”对话框,如图4-39所示。

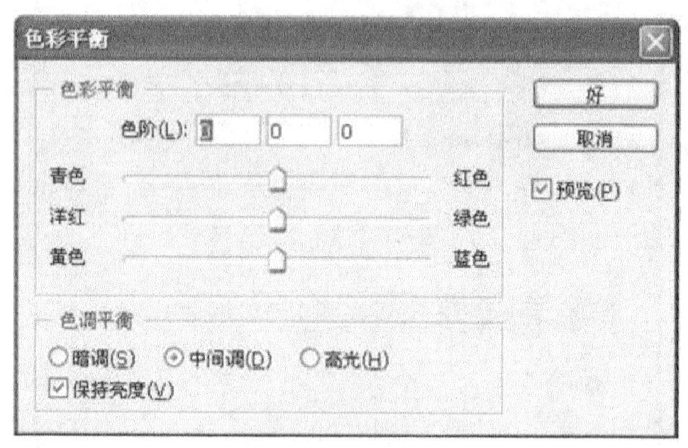

图4-39 “色彩平衡”对话框

(3)色相/饱和度

可以调整图片中某一种颜色成分的色相和饱和度,在某一色相的颜色下,饱和度越大则色彩越深越鲜艳,否则相反。图4-40所示为“色相/饱和度”对话框。

(4)替换颜色

用来替换某一选区的颜色。使用时选择需要替换的区域,在区域内用工具选取改变的颜色,使之变亮。没有变亮的区域表示还没有被选上,此时,选择工具追加颜色,直至被选区域都变亮为止,调整色相、饱和度或明度的值,达到需要的效果。图4-41所示为“替换颜色”对话框。

2. 图像大小

“图像大小”的功能是用来调整图片的尺寸大小,查看图片的尺寸信息、分辨率、颜色模式等,当一幅图片的大小被调整之后图像的容量也相应地发生变化,图片的质量也受到影响。

3. 画布大小

“画布大小”是调节当前图像周围工作空间的大小,当增大了画布大小时由于

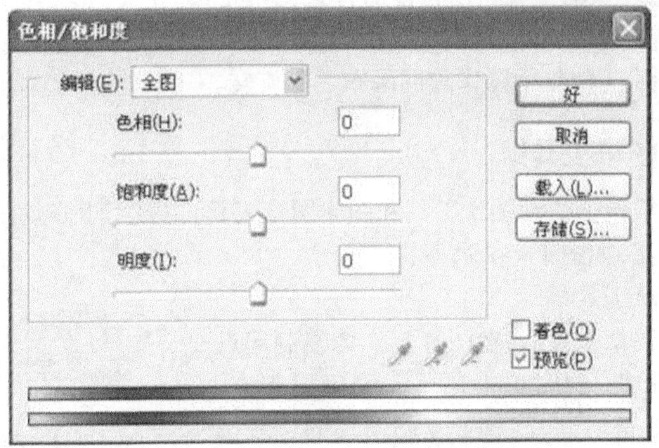

图 4－40　“色相/饱和度”对话框

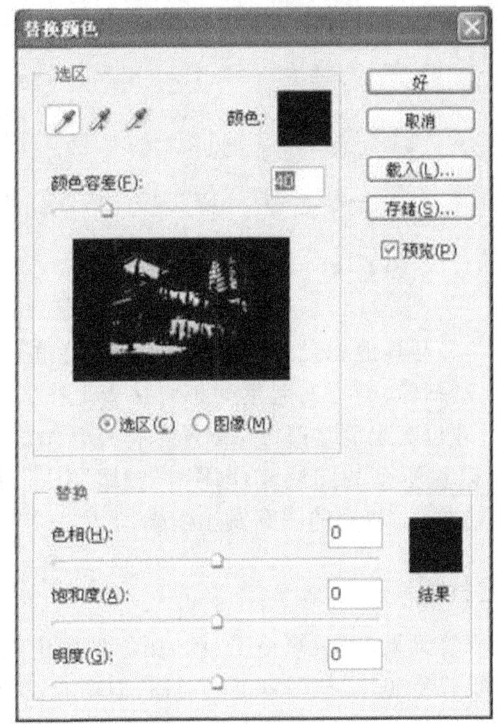

图 4－41　“替换颜色”对话框

图片相对较小，多余的空间将由当前的背景色填充。

4. 旋转画布

“旋转画布”是使整个图像连同画布一同旋转。

4.5.2 图章工具组

图章工具组包括仿制图章工具和图案图章工具，主要用于修复图像、复制图像或进行图案填充，如图 4－42 所示。

1. 仿制图章工具

选中仿制图章工具后，在图片与作为复制起点的位置按住 Alt 键，同时单击鼠标左键确定起点，松开鼠标和 Alt 键后，在欲放置复制图片的位置按住鼠标左键后拖动鼠标即可。

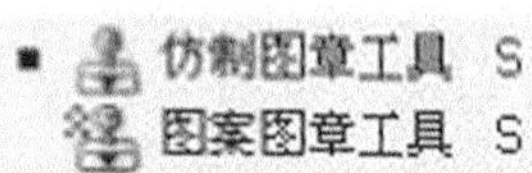

图 4－42 图章工具组

2. 图案图章工具

图案图章工具可以在当前图片中加入另一种图像，选中工具，在工具选项栏中选中图案后添加即可。选择图章工具后，工具选项栏将显示其相关的选项，如图 4－43所示。

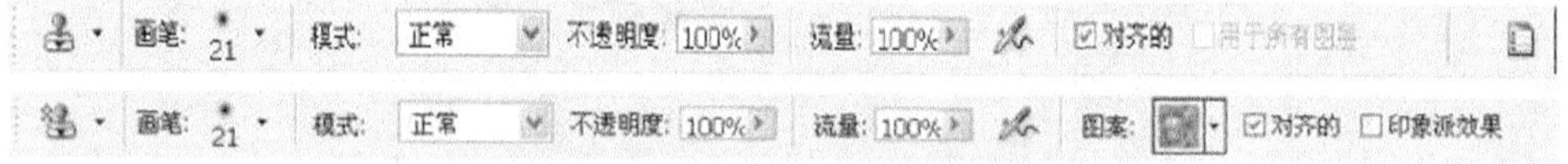

图 4－43 “图章工具”选项栏

其中的多数选项含义与其他编辑工具相同，这里不再重复。选择“对齐的”复选框，表示可以规则复制图像，即每次起笔时都将接着上次的操作继续复制图像，否则进行不规则复制，即每次起笔时都将重新从取样点开始复制图像。选择“用于所有图层”复选框，可以对所有的图层起作用。“图案”用于选择要填充的图案。选择“印象派效果”复选框后，填充的图案发生模糊，产生一种印象画效果。

4.5.3 修复工具组

修复工具组包括修复画笔工具、修补工具和颜色替换工具，如图 4－44 所示。修复工具的主要功能是修复照片，与图章工具类似，但功能更神奇一些。

1. 修复画笔工具

选择修复画笔工具，按住 Alt 键的同时在图像中单击鼠标，可以定义采样点，然后在图像中需要修复的位置上拖曳鼠标，就可以修复图像中的疤痕。

2. 修补工具

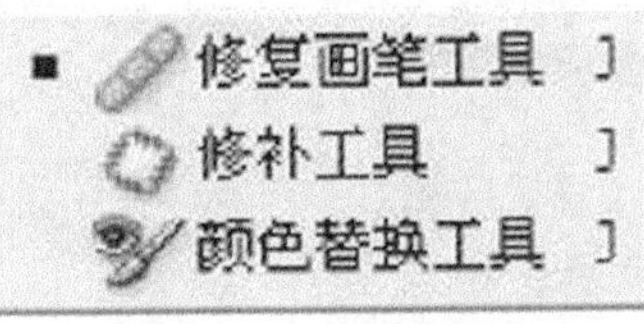

图 4 - 44 修复工具组

选择修补工具,选择需要修改的图像部分,然后使用修补工具将选择区域拖动到目标区即可,这时要确保工具选项栏中的“源”处于选择状态。

3. 颜色替换工具

选择颜色替换工具,可以迅速将一幅图像的颜色替换到另一幅图像中,也可以直接设置前景色,然后在图像中拖曳鼠标,从而校正图像的颜色。如果要将一幅图像的颜色匹配到另一幅图像,则需要先选择颜色替换工具,然后按住 Alt 键,在用作标准颜色的图像上单击鼠标进行取色,然后在要匹配颜色的图像上拖曳鼠标。选择修复工具后,工具选项栏中将显示其相关选项,如图 4 - 45 所示。

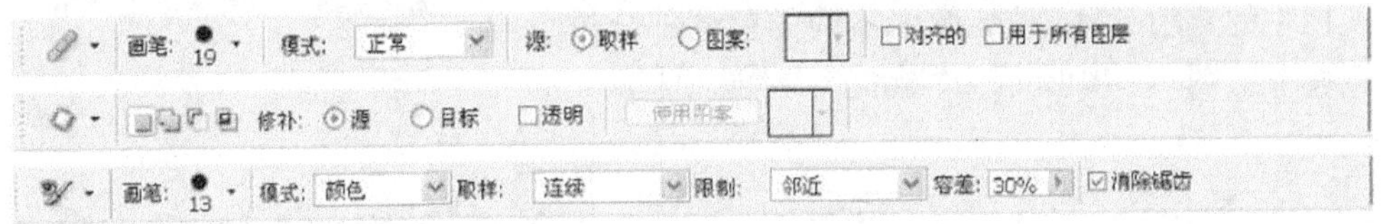

图 4 - 45 “修复工具”选项栏

4.5.4 涂抹工具组

涂抹工具组包括模糊工具、锐化工具和涂抹工具,如图 4 - 46 所示。

1. 模糊工具

在图像中拖动模糊工具可以使图像相邻像素间的对比度减小,从而产生柔化效果。

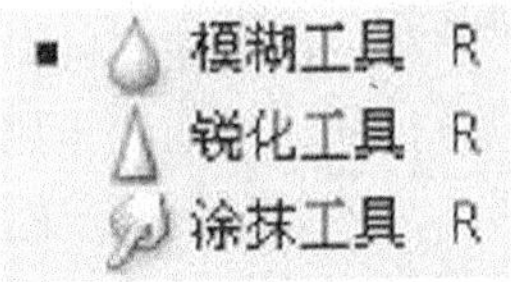

2. 锐化工具

拖动锐化工具,可以使图像产生锐化效果。

图 4 - 46 涂抹工具组

3. 涂抹工具

拖动涂抹工具,可以使图像产生涂抹效果,好像用手指在未干的颜料上涂抹一样。选择了工具箱中的涂抹工具后,通过设置工具选项栏中的选项,可以控制图像的编辑效果。图 4 - 47 所示为“模糊工具”选项栏,涂抹工具和锐化工具选项与其相似。

图 4-47 “模糊工具”选项栏

4.5.5 加深减淡工具组

加深减淡工具组包括减淡工具、加深工具和海绵工具,如图 4-48 所示。

在图像中拖动减淡工具,可以使图像局部加亮;拖动加深工具,可以使图像局部变暗;拖动海绵工具可以精细地调整图像区域中的色彩饱和度,在灰度图中,该工具还可用于增加或减小图像的对比度。

减淡工具 O
加深工具 O
海绵工具 O

图 4-48 加深减淡工具组

选择了工具箱中的减淡工具后,通过设置工具选项栏中的选项,可以对图像中不同的色调部分进行细微调节。图 4-49 所示为“减淡工具”选项栏。

图 4-49 “减淡工具”选项栏

4.6 形状工具与路径

路径的出现使 PhotoshopCS 兼有了矢量绘图的特点,即 PhotoshopCS 既可创建不包含任何像素的矢量路径,也可以创建具有一定外形的剪切路径,直接产生矢量图形。另外,路径也是选择区域概念的延伸与补充,它为创建一些精确的选择区域提供了最有效的解决方法。

路径在 PhotoshopCS 中的作用主要体现在两个方面:一是在绘图方面,它可以自由创建各种形状的图形;二是在图像处理方面,它可以建立精确的选择区域,从而完成精确的“抠图”操作。

在 PhotoshopCS 中,路径可以是一个点、一条线或者是一个封闭的环。路径的创建主要由钢笔工具完成。钢笔工具是一种特殊的工具,使用该工具绘制出来的是不含有任何像素的矢量对象,即路径。

4.6.1　钢笔工具组

钢笔工具组中包括五种工具，分别是钢笔工具、自由钢笔工具、添加锚点工具、删除锚点工具和转换点工具，如图 4－50 所示。

1. 钢笔工具和自由钢笔工具

钢笔工具和自由钢笔工具主要用于创建直线、曲线或自由形状的线条及形状。

选择了钢笔工具后，工具选项栏中将显示其相关的选项，如图 4－51 所示。

①单击按钮，可以创建新的形状图层，路径包围的区域将填充前景色，同时在“图层”面板中产生形状图层。

②单击按钮，可以创建新的工作路径。

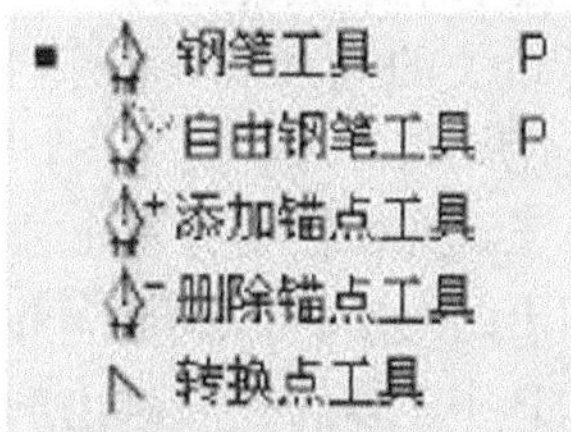

图 4－50　钢笔工具组

图 4－51　“钢笔工具”选项栏

钢笔工具的使用比较简单，首先选中该工具后单击鼠标确定第一个节点，在另一点单击鼠标，确定另一节点，如此继续当回到起点时鼠标下出现一个小圆圈代表将封闭的路径，单击鼠标后路径封闭，如果在单击一下鼠标后没有松开鼠标而是继续拖动，则可以拖出方向线。

自由钢笔工具的优点是按住鼠标左键不松开时，拖动鼠标可以画出任意形状的轨迹，当松开鼠标左键时路径中才出现节点，而且在任意的节点单击鼠标可以继续画出没有完成的图形。

2. 添加锚点工具和删除锚点工具

添加锚点工具主要用于向路径中添加锚点。

删除锚点工具主要用于删除路径中的锚点。

选择添加锚点工具后，在路径上单击可以把一个节点添加到路径中；选择删除锚点工具后，在节点上单击可以删除该节点。

3. 转换点工具

转换点工具主要用于转换锚点的类型。

4.6.2　矩形工具组

矩形工具组包括矩形工具、圆角矩形工具、椭圆工具、多边形工具、直线工具和自定形状工具，如图 4－52 所示。

选取矩形工具组的六种工具，工具选项栏中将显示其相关的选项和部分设置，分别如图 4－53 和图 4－54所示。

图 4－52　矩形工具组

工具选项栏中有一个公共的设置项，选中形状图层画出的图形，可以填充 PhotoshopCS 提供的各种“样式”，选中工作路径后画出的图形不能填充任何效果，选择填充区域后画出的图形只能由前景色来填充，而不能填充“样式”。

图 4－55 所示为选择“多边形工具”设置选项后的不同效果。

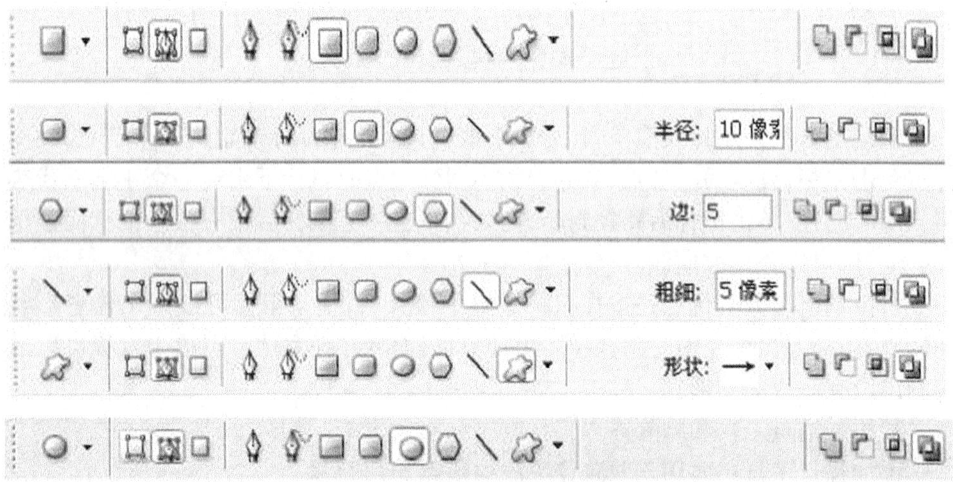

图 4－53　“矩形工具组”选项栏

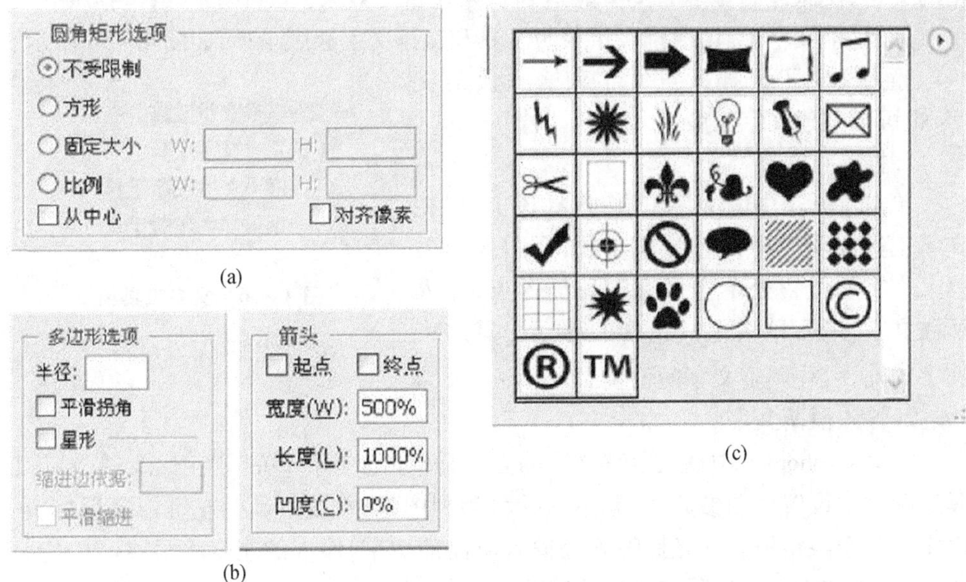

(a)
(b)
(c)

图 4-54　“圆角矩形、多边形、自定义形状”选项

(a)圆角矩形选项;(b)多边形选项;(c)自定义形状选项

图 4-55　多边形选项设置的不同效果

4.7　文字编辑

4.7.1　文字工具

文字工具用来为图片添加文字,在 PhotoshopCS 中,利用文字工具可以很方便地向图像中输入水平、垂直的文字或创建文字蒙版,不但可以输入普通的文字,而且可以实现文字的绕排,在任何路径上或任何形状中都可以创建并操纵完全可编

辑的文字，使课件制作中的文字能达到引人注目的效果。文字工具组包括横排文字工具、直排文字工具、横排文字蒙版工具和直排文字蒙版工具，如图 4－56 所示。

输入文字可以插入点文字和输入段落文字，也可以创建文字蒙版。

横排文字工具 T
直排文字工具 T
横排文字蒙版工具 T
直排文字蒙版工具 T

图 4－56　文字工具组

1. 插入点文字

单击工具箱中的文字工具，选择该工具，在文字工具选项栏中设置各项参数，在图像中要输入文字的位置处单击鼠标定位插入点，输入所需文字，最后单击工具箱中的移动工具结束文字的输入，并调整文字的位置。

2. 输入段落文字

在 PhotoshopCS 中输入段落文字的方法是单击工具箱中的文字工具，在文字工具选项栏中设置各项参数，将鼠标指针移动到图像中，按下鼠标左键拖曳鼠标，可以定义一个限定框。在光标闪烁处输入所需的文字，输入的文字将显示在限定框中，当输入的文字到达限定框边缘时将自动换行。单击工具箱中的移动工具结束文字的输入，并可以调整文字的位置。

3. 创建文字蒙版

利用工具箱中文字蒙版工具，可以在图像中创建文字蒙版，即按文字的形状创建选择区域。文字蒙版出现在当前图层中，可以像任何其他选择区域一样被移动、复制、填充或描边。

创建文字蒙版的基本操作步骤是单击工具箱中文字蒙版工具，选择该工具，在工具选项栏中设置各项参数，用前面介绍的方法输入文字，单击工具箱中移动工具，结束文字的输入，则文字形状的选择区域将出现在当前图层上，如图 4－57 所示。

图 4－57　创建文字蒙版

输入文字后，在"图层"面板中将自动生成一个图层，即文字图层。同时，"文字工具"选项栏如图 4－58 所示。

图 4－58　"文字工具"选项栏

选项栏中的"字体""文字大小""对齐方式""文字颜色"等选项和 Word 中的使用方法相同。单击"创建变形文本"图标，弹出如图 4－59 所示的对话框，在其中可以设置创建文字的排列形式。

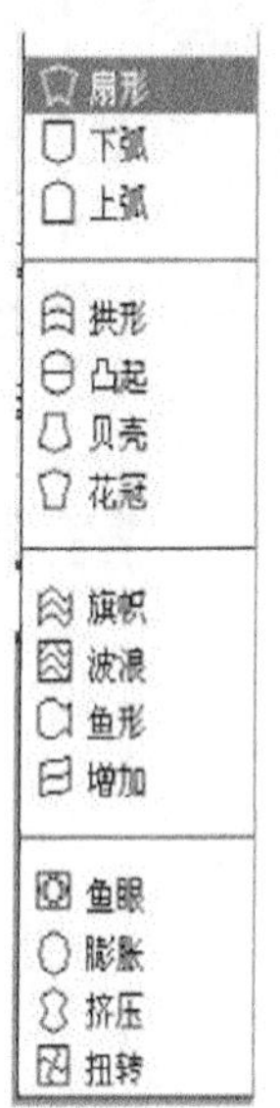

图 4－59　创建变形文本

单击"样式"后面的下拉按钮，弹出 15 种样式选项，下面的滑动条用来设置样式的属性，其值为 －100% ~100%。选择"水平"单选按钮后可以在图中拉出水平文本框，图 4－60 所示为水平变形文字。同样，选择"垂直"单选按钮，可以在图中拉出垂直文本框，图 4－61 所示为垂直变形文字。

变形文字的各种样式和变形效果巧妙地配合使用，可以创作出精美的文字效果，学习者可以自己尝试。

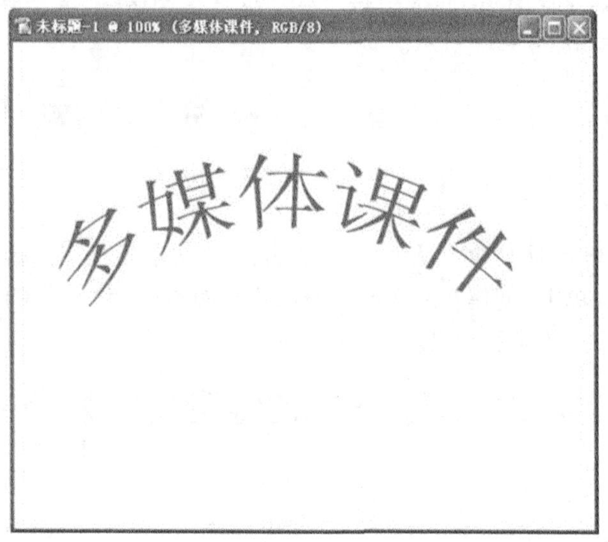

图 4-60　水平变形文字

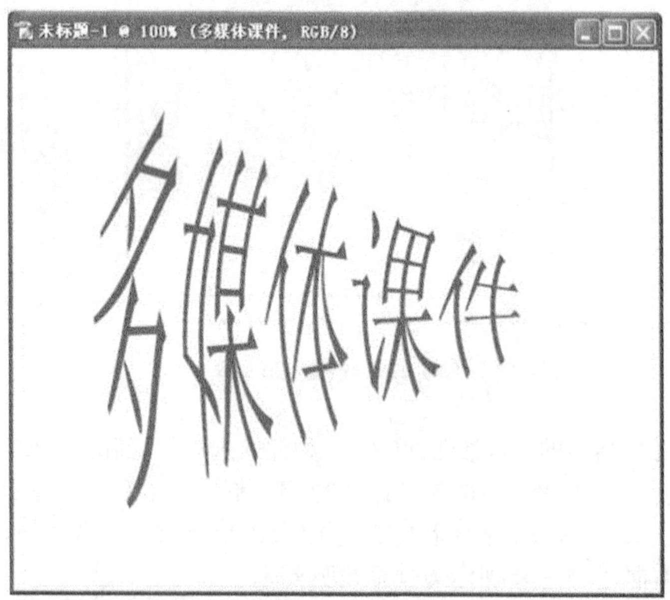

图 4-61　垂直变形文字

4.7.2　在路径上创建文字

PhotoshopCS 增强了文字处理能力，可以像在 FreeHand 和 Illustrator 中一样使文字沿路径绕排，或是将文字排布在一个特定的形状之内，从而制作出精美的印刷品。如果要沿着路径输入文字，则首先要创建路径。具体操作方法如下：

①使用钢笔工具创建一条路径。

②选择工具箱中的文本工具，将鼠标指针指向路径，当鼠标指针变成所需形状时单击鼠标左键，则路径上会出现一个插入点。

③输入所需要的文字，则文字将沿着路径显示，与基线垂直，如图 4－62 所示。

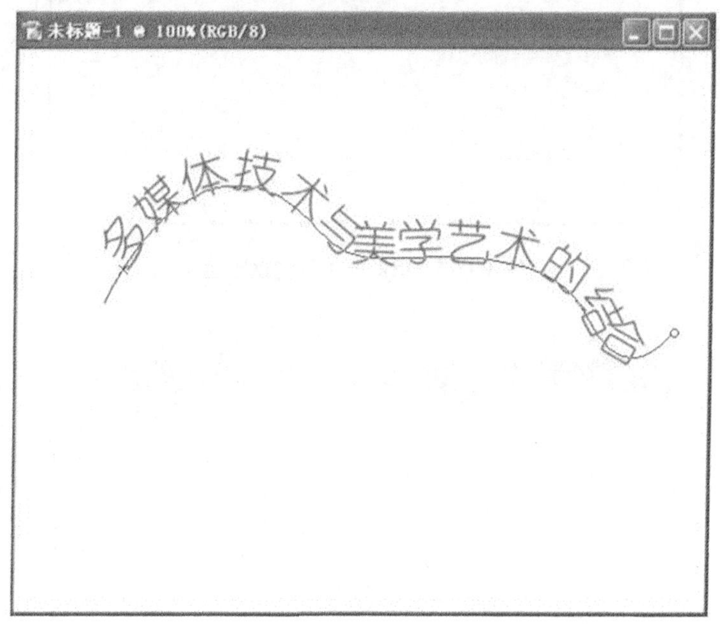

图 4－62　路径上输入的文字

4.7.3　在形状内输入文字

如果创建的路径构成一个闭合的形状，那么既可以沿路径输入文字，也可以在形状内输入文字，就像在 Illustrator 中输入文字一样方便，这使得 PhotoshopCS 具有了排版功能。在形状内输入文字的操作步骤如下：

①首先使用钢笔工具创建一条路径，如图 4－63 所示。

②选择工具箱中的文本工具，将鼠标指针指向路径内部，当鼠标指针变成所需

形状时拖曳鼠标，这时会依据路径创建一个段落文字限定框，如图 4 - 64 所示。

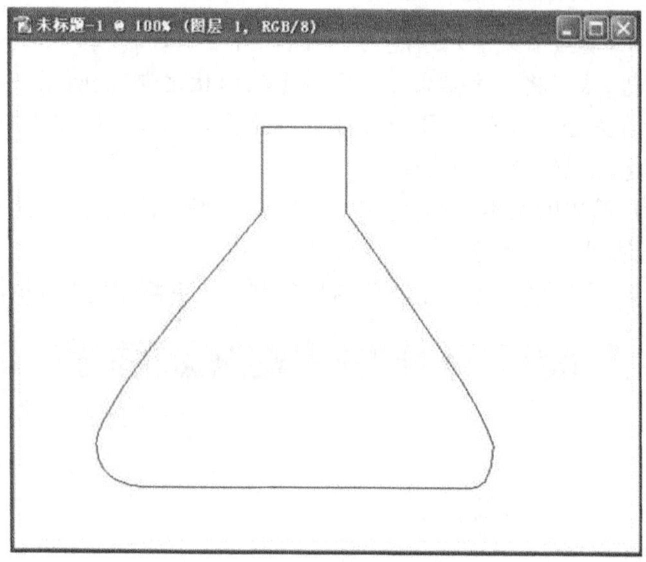

图 4 - 63　用钢笔工具创建路径

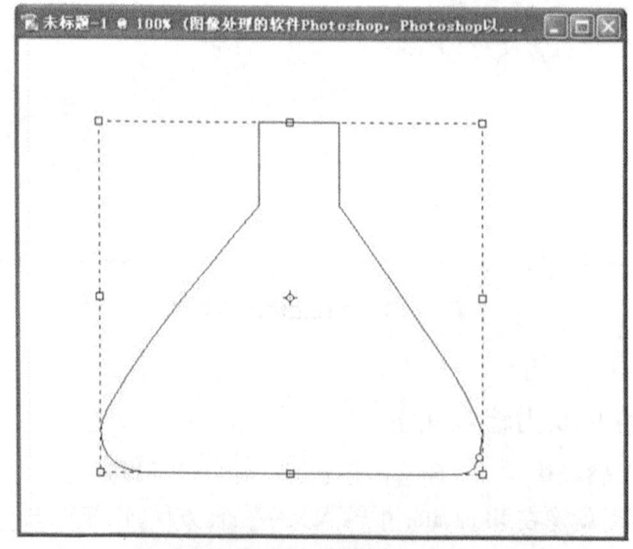

图 4 - 64　创建一个段落文字限定框

③输入所需要的文字，文字将自动排列在路径形状的内部，如图 4-65 所示。

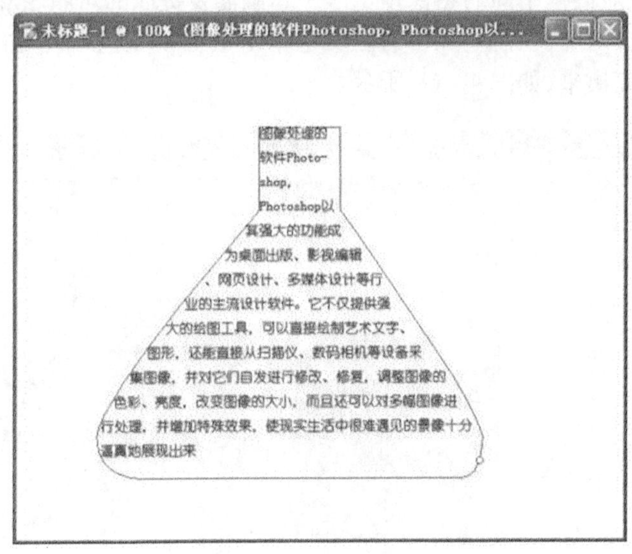

图 4-65　内部输入文字

4.8　滤 镜 应 用

滤镜可以自动对一幅图片施加特效，不同滤镜组合的应用显得功能非常强大。滤镜使用时方法比较简单，一些属性的设置也比较明了，但这需要对功能的熟练应用，灵活应用滤镜可以做出梦幻般的视觉效果。图 4-66 所示为 PhotoshopCS 的"滤镜"菜单。

图 4-66　"滤镜"菜单

4.8.1　抽出

"滤镜"菜单中列出的特殊滤镜即是抽出，它是指把图像的某一部分从它的背景环境中提取出来。

抽出的功能非常强大，即使对象的边缘细微、复杂或无法确定，也无需太多的操作就可以将其从背景中抽取出来。抽出图像的方法是单击菜单栏中的"滤镜/抽出"命令，弹出"抽出"

对话框，如图 4 - 67 所示。选择对话框中的工具，在对话框的右侧设置画笔大小、色彩等参数，在对话框中间的图像预览区中勾画需要提取的对象轮廓，勾画一个封闭的边界后，选择工具在需要保留的区域中单击鼠标填充色彩，单击“好”按钮，图像从背景中分离出来，如图 4 - 68 所示。

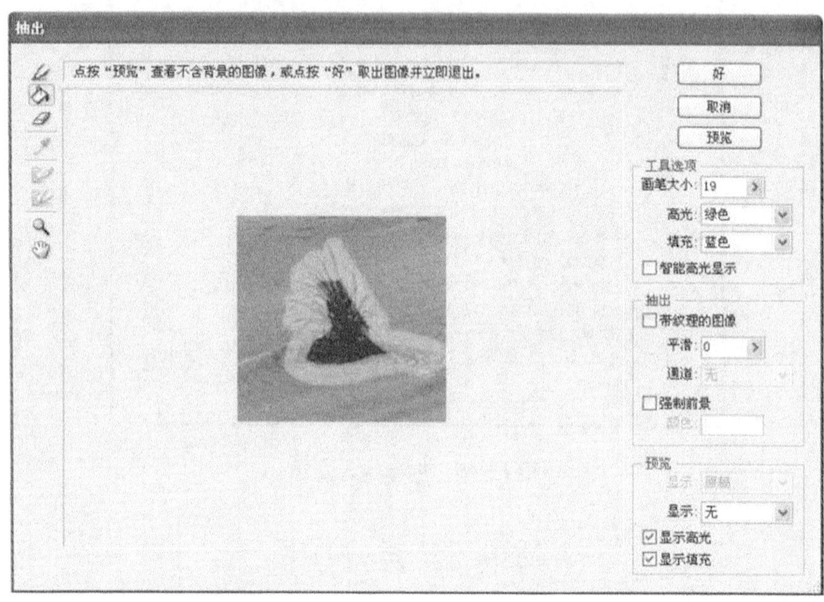

图 4 - 67 “抽出”对话框

抽出前的图像效果　　抽出后的图像效果

图 4 - 68 抽出图像效果

4.8.2　液化

利用“液化”命令可以很容易地使图像变形，使用该命令提供的特殊工具可以对图像区域进行扭曲、旋转、膨胀、收缩、移位、反射等变形处理，如图 4－69 所示。

(a)

(b)

图 4－69　图像变形效果
(a)液化前图像效果；(b)液化后图像效果

使用“液化”命令对图像变形的操作步骤如下：选择要变形的图像区域，如果要对某个图层中的图像进行变形，则选择相应的图层；单击菜单栏中的“滤镜/液化”命令，弹出“液化”对话框，在对话框右侧的工具选项中设置所需的画笔大小和画笔压力，对图像进行变形操作即可。

4.8.3　滤镜库

滤镜库是 PhotoshopCS 新增的一项实用功能。它是将常用的滤镜命令组合在一个对话框中，通过这个对话框既可直观地预览滤镜效果，也可以对图像一次性完成多个滤镜的应用，使用起来十分方便。

单击菜单栏中的“滤镜/滤镜库”命令，打开“滤镜库”对话框，如图 4－70 所示。

滤镜库中的内容也可以通过单击菜单栏中的“滤镜”命令，直接选用相关滤镜。

滤镜库 (100%)
风格化
画笔描边
扭曲
素描
纹理
艺术效果
壁画
彩色铅笔
粗糙蜡笔
底纹效果
调色刀
干画笔
海报边缘
海绵
绘画涂抹
胶片颗粒
木刻
霓虹灯光
好
默认值
实验一
实验二
100%

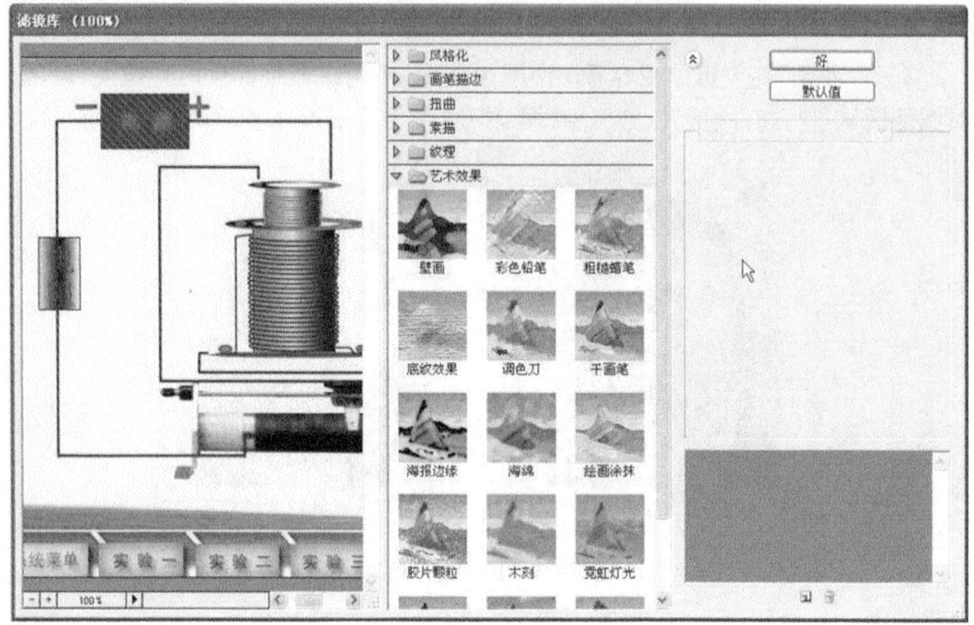

图 4－70 “滤镜库”对话框

第 5 章　声音和视频素材的采集与处理

【概述】 本章主要阐述有关声音与视频素材的采集与制作方法，通过对 CoolEditPro 软件的认识和使用，介绍声音处理的常用软件以及处理声音的一般方法和步骤，并通过对 Windows MovieMaker 软件的使用，介绍视频影像的处理方法。

掌握多媒体课件声音与视频素材的采集制作方法，学会在课件中使用声音和视频，对课件的效果会起到积极的影响。例如，音乐最能激发和表现人们的情感，在多媒体课件设计中，应充分发挥音乐的艺术魅力，用美妙的音乐陶冶学生的情操，让学生在美的旋律中探求知识的奥秘。同时，恰当地使用音响效果又能增强画面形象的表现力和真实感，利于学生认识客观事物的内在规律。语言解说的技巧，抑扬顿挫的语调，娓娓动听的声音，会使学生受到强烈的感染，在注意力高度集中情况下获得更多的知识。生动直观的视频影像最容易给人留下深刻的印象，也常常受到学生的偏爱。课件中恰当地选用视频素材，能使课件更富有真实感和感染力，有利于激发学生学习动机，调动学生学习的积极性。

5.1　声音与音频文件

5.1.1　声音的概述

声音是携带信息极其重要的媒体。声音的种类繁多，如人的语音、乐器声、动物发出的声音、机器产生的声音，以及自然界的雷声、风声、雨声、闪电声等。这些声音有许多共同的特性，也有它们各自的特性，在用计算机处理这些声音时，一般将它们分为波形声音、语音和音乐三类。

1. 波形声音

波形声音实际上已经包含了所有的声音形式，它可以把任何声音都进行采样量化后保存，并恰当地恢复出来。

2. 语音

人的说话语音是一种特殊的媒体，它不单单是一种波形声音，而且通过语气、语速、语调携带比文本更加丰富的信息。虽然与波形声音的文件相同，但必须作为一个特殊媒体研究。

3. 音乐

音乐是一种符号化的声音，这种符号就是乐谱，乐谱可转化为符号媒体形式，表现形式 MIDI 音乐。影响数字声音波形质量的主要因素有以下三个。

(1)采样频率

采样频率指波形被等分的份数，份数越多(既采样频率越高)，质量越好，从图 5－1(a)与图 5－1(b)的比较可以看出，显然后者比前者采样质量好。

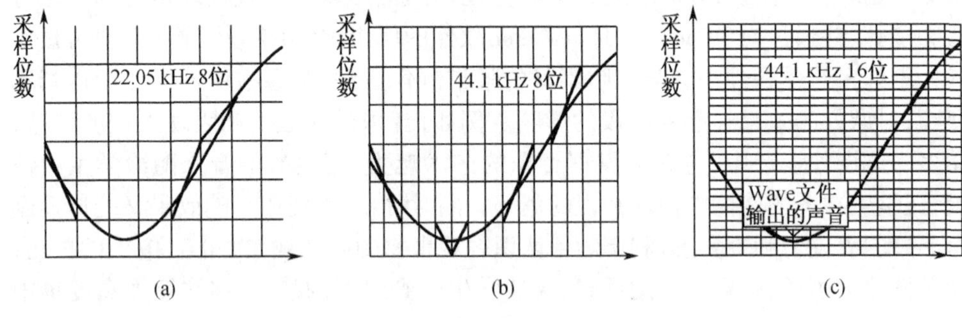

图 5－1　声音的采样与量化

(2)采样位数

采样位数即每次采样的信息量。采样通过模/数(A/D)转换器将每个波形垂直等分，若用 8 位 A/D 转换器，可把采样信号分为 256 等分，而用 16 位 A/D 转换器则可将其分为 65 536 等分。从图 5－1(b)与图 5－1(c)的比较可以看出，显然后者比前者音质好。

(3)通道数

通道数即声音通道的个数，表明声音产生的波形数，一般分为单声道和立体声道。单声道只产生一个波形，立体声道则产生两个波形。采用立体声道声音丰富，但存储空间要占用很多。由于声音的保真与节约存储空间是相矛盾的，因此要选择平衡点。采用后的声音以文件方式存储。

5.1.2　音频文件格式

音频文件又可称为“声音文件”，它分为两大类：一类是波形音频文件，采用 WAV 格式；另一类是乐器数字化接口文件，采用 MIDI 格式。声音文件是全数字化的，对于 WAV 格式的声音文件，通过数字采样获得声音素材；而对于 MIDI 格式的文件，则通过 MIDI 乐器的演奏获得声音素材。

1. WAV 格式的声音文件

WAV 是 wave 一词的缩写，意为“波形”。WAV 格式的波形音频文件表示的是一种数字化声音，WAV 格式文件的扩展名为“. wav”。常见的 WAV 声音文件主要有两种，分别对应于单声道（11. 025 kHz 采样率、8 位的采样值）和双声道（44. 1 kHz 采样率、16 位的采样值）。WAV 格式文件的特点是采样频率和采样精度越高，数字化声音与声源的声音效果越接近，数据的表达越精确，音质也越好，但音频信号数据量也会越大，每分钟的音频一般要占用 10 MB 的存储空间。尽管数据量非常大，但在声音长度不大的前提下，不失为理想的声音记录形式，这也是多媒体产品总是把 WAV 格式作为首选的音频文件格式的原因。

2. MP3 格式文件

MP3 是采用国际标准 MPEG 中的第三层音频压缩模式，对声音信号进行压缩的一种格式，中文也称“电脑网络音乐”，它的扩展名为“. mp3”。MP3 的突出优点是压缩比高、音质较好、制作简单，可与 CD 音质相媲美。

高压缩比是 MP3 的一个主要特性，其基本理论就是去除节目源中人耳听觉阈以外的所有信号，并将大信号掩盖下的小信号也加以除去，因为人耳具有掩盖效应，这种变化基本上觉察不出来，因此实际记录的信息量就比压缩前小得多，其压缩比为 10∶1 ~96∶1。这样，一张只能容纳十几首歌曲的光盘，可记录 150 首以上的 MP3 格式歌曲。

3. MIDI 格式文件

MIDI 是 Musical Instrument Digital Interface 的缩写，意为“乐器数字化接口”，是乐器与计算机结合的产物。MIDI 提供了处于计算机外部的电子乐器与计算机内部之间的连接界面和信息交流方式，MIDI 格式的文件采用“. mid”作为扩展名，通常把 MIDI 格式的文件简称为 MIDI 文件。

MIDI 文件并不是一段录制好的声音，而是告诉声卡如何再现音乐的一组指令。这样一个 MIDI 文件每存 1 min 的音乐只用 5 ~10 KB。MIDI 文件主要用于原始乐器作品、流行歌曲的业余表演、游戏音轨、电子贺卡等。

5.1.3　声音编辑软件介绍

计算机在处理音乐与处理声音时会用到不同的编辑软件，处理美化声音时经常使用 CoolEditPro、CreativeWaveStudio、Wavedit、GoldWave、录音机程序、豪杰音乐等软件，处理音乐、谱曲、作曲和编曲时经常使用 Cakewalk、Encore、Overture、Finale 打谱软件、Sibelius 打谱软件、作曲大师、TT 作曲家、CuteMIDI 简谱作曲家等软件。

以上声音编辑软件中，CakewalkProAudio 是相当专业的乐曲制作软件之一，CakewalkProAudio 可以快速地编曲、录音、混音、弹奏 MIDI 等，其工作界面如图

5－2所示。

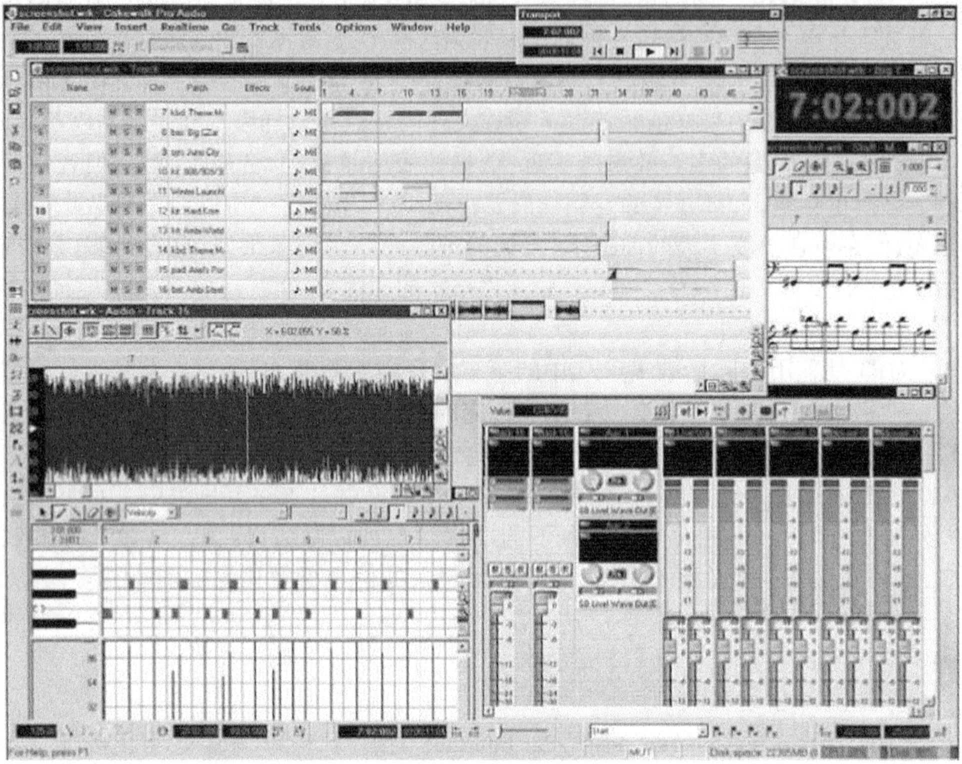

图 5－2　CakewalkProAudio 工作界面

CakewalkProAudio 从功能上来说，可以支援到 128 轨的同步录音，还可以加入 Cakewalk 中内建的 256 种特效。CakewalkProAudio 可以支援到 24 位的音质 96 kHz 的取样率，是目前乐曲制作软件中音质最好的其中之一。CakewalkProAudio 可同步支援 AVI，MPEG，QuickTime 以及 MIDI 这四种不同的音乐档案格式输入到音轨之中，支援同时录制不同取样的音轨，这对乐曲创作有相当大的帮助。可以在录制同一个声音的时候以不同的取样录制在不同轨之中，不需要再重复录制一次，可以节省相当多的时间。CakewalkProAudio 具备虚拟键盘（VirtualPiano）的功能，虽然大多数专业的玩家都有 keyboard 可供弹奏，但对于初次接触 MIDI 的使用者来说虚拟键盘是个不错的功能，运用屏幕上所模拟出来的键盘就可以弹奏出美妙的 MIDI 乐曲。

5.2 Windows 录音机的使用

5.2.1 声音的录制

多媒体中的声音来源有两种,即购买商品语音库和录音制作合成。声音的录制和播放都通过声卡完成。使用工具软件可以对声音进行各种编辑或处理,以获得较好的音响效果。最简单方便的音频捕获编辑软件是 Windows 中的录音机。录制声音时,需要一个麦克风,并把它插入声卡中的麦克风(Mic)插孔,也可连接另外的声源电缆,如 CD 唱机或其他立体声设备。具体使用方法介绍如下。

1. 调整音量

单击任务栏中的音量图标,弹出“音量”对话框,如图 5-3(a)所示。上下拖动滑块,可以改变音量的大小。向上为增大音量,向下为减小音量。单击“音量”对话框以外的任何地方,该对话框则消失。

在图 5-3(a)中,选中“静音”复选框,则声音消失。再次单击“静音”复选框,使其为非复选状态,则声音出现。在进行详细调整音量时,双击任务栏中的音量图标,弹出“音量控制”对话框,如图 5-3(b)所示。

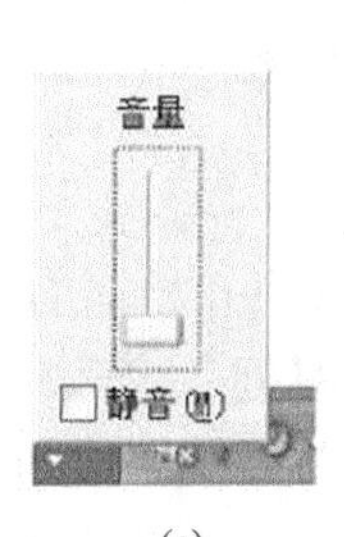

(a)

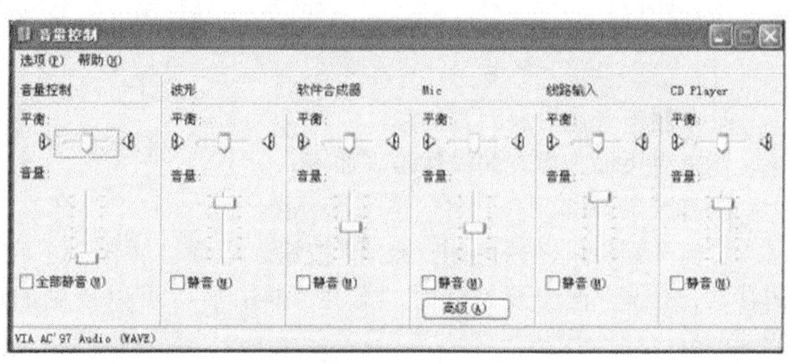

(b)

图 5-3 “音量”与“音量控制”对话框

(a)“音量”对话框;(b)“音量控制”对话框

在“平衡”区域中,左右调整滑块,可以调整左右音箱之间的相对音量。

音量控制:调整整体音量的大小,它和前面的“音量”对话框的作用一样。波形、CD 音频、线路输入则分别调整各设备的音量。

静音的选择:如果要完全关闭声音,则单击音量控制中的“全部静音”复选框。

在使用麦克风录音时，要确保 Mic 处于非静音状态。如果要关闭某个设备的音量，则单击对应的“静音”复选框。单击“音量控制”对话框右上角的关闭按钮可以关闭该对话框。

2. 启动录音机

依次单击“开始/所有程序/附件/娱乐/录音机”命令，打开“录音机”窗口，如图 5－4 所示。窗口下方控制录放的按钮就像普通录音机控制部件的功能一样。窗口中央的显示面板称为“Wave”（声波）框，中间的录音线代表某段声波的振荡波形线。其垂直方向显示声音的振幅，水平方向显示持续时间。“长度”框中显示音频文件的总长度，“位置”框则显示音频文件当前的播放位置（以秒计算）。

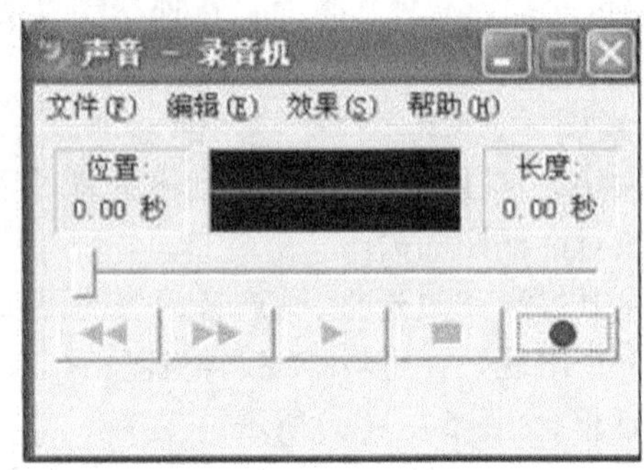

图 5－4 “录音机”窗口

3. 录制声音

用麦克风输入声音的操作步骤如下。

①打开录音机。

②打开麦克风，然后单击“录音”按钮。界面会暂停一下，控制滑块开始向右边移动，“位置”框中开始计时，“长度”框中显示可以录制的最长时间，一般为 60 s。

③对着麦克风说话，屏幕上“Wave”方框会显示声音的波形，即所发出的每个音调。应尽量使波形的振幅平均在最大值的一半左右，如图 5－5 所示。

④按下“停止”按钮就可以停止录音。录制文件的长度会显示在“长度”框里，使用“效果”菜单可以调整声音的效果。

⑤选择“文件/保存”命令，界面上会出现“另存为”对话框，在“文件名”文本框中输入这个音频文件的文件名，然后单击“保存”按钮。

如果录音时，“Wave”方框里没有出现声音的波形，可以调高录音的音量，或者重新设置麦克风的参数，也可以用 Mic 或声卡附带的磁盘里的驱动程序来改变信

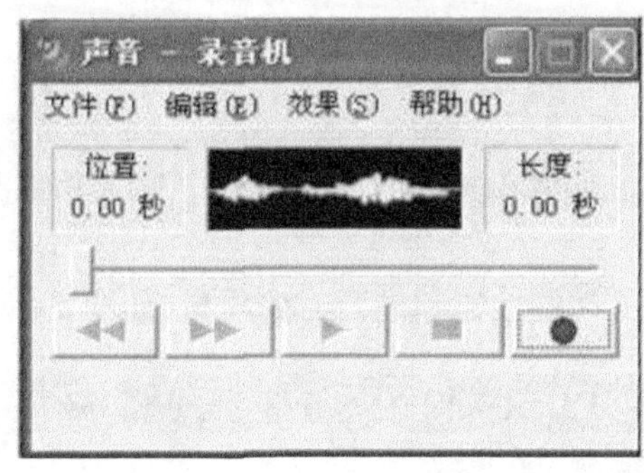

图 5－5　录音机显示面板

号的输入参数。

如果不想录自己的声音，还可以用一条输入信号线录下其他设备（如音响）放出的声音。只要把这条线的一端插入声卡后面的 LineIn 孔，另一端插入音响的 LineOut 孔即可。

5.2.2　声音的编辑

通常在录音后，还需要对声音文件进行加工，即编辑音频文件，如删除文件空白的地方或者增加回声等。在开始编辑之前，我们先认识一下录音机菜单。

1. 录音机菜单

录音机菜单包括“文件”菜单、“编辑”菜单、“效果”菜单和“帮助”菜单，这里主要介绍“文件”菜单、“编辑”菜单和“效果”菜单，如图 5－6 所示。

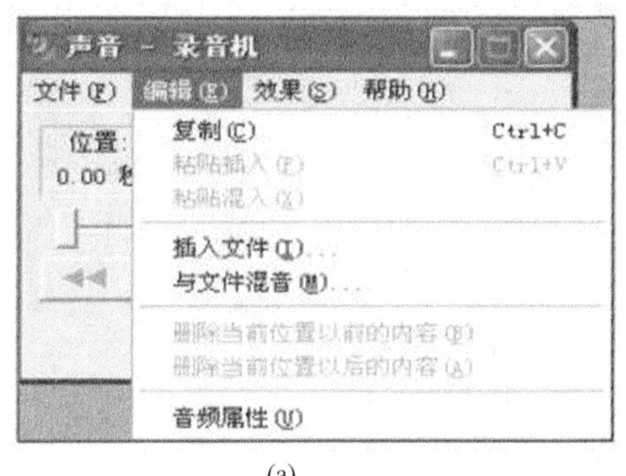

(a)

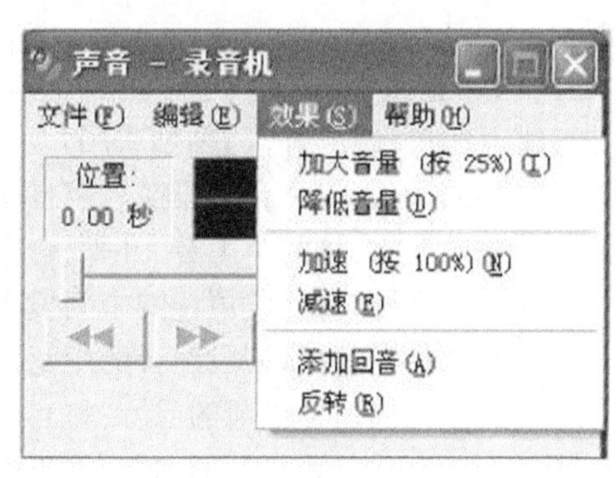

(b)

图 5－6　“编辑”和“效果”的下拉菜单

(a)“编辑”的下拉菜单；(b)“效果”的下拉菜单

(1)文件菜单

除了一些大家比较熟悉的功能选项外,录音机的“文件”菜单里还有如下两个特殊的选项。

①还原:撤销上一次对声音文件的删除操作。这项功能只是在删除以后尚未保存的时候才有效。

②属性:更改声音文件的性能和录音时的质量,如图 5 - 7 所示。

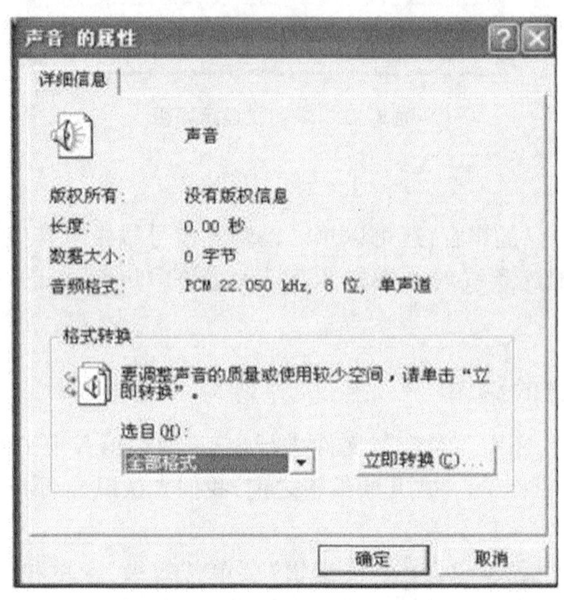

图 5 - 7　选择文件中的属性

(2)编辑菜单

①复制:复制声音(与粘贴联用)。

②粘贴插入:将声音片段插入声音文件。

③粘贴混入:将两个声音文件混合在一起。

④插入文件:在一段声音的中间插入另外一段声音。

⑤与文件混音:从一段声音的中间插入另外一段声音。

⑥删除当前位置以前的内容:将当前位置之前的声音删除。

⑦删除当前位置以后的内容:将当前位置之后的声音删除。

⑧音频属性:打开音频属性窗口,设置录音或者回放的性能。

(3)效果菜单

①加大音量:以 25% 的比例增大声音文件的音量。

②降低音量:以25%的比例减小声音文件的音量。

③加速:以100%的比例降低声音文件的播放速度。

④减速:降低声音文件的播放速度。

⑤添加回音:添加回声效果。

⑥反转:将声音文件逆向播放。

2. 编辑定位

在进行各种编辑声音的操作时,需要确定声音位置,即找出要处理的某些声音点,也称为确认插入点。要准确地找出某个插入点,依靠拖动滑块有一定的难度,可以按照如下步骤来定位插入点的位置。

①仔细听声音,并判断出要处理的声音点的位置,记下此时位置方框中的显示时间。

②将滑块定位在该位置上,单击“播放”按钮来听声音,判断该位置是否正确。

③重复以上步骤,直到找到准确位置。

如果对编辑的结果不满意,可以选择“文件”菜单中的“恢复”菜单项,来放弃所做的修改。但恢复命令将删除上次存盘以来的所有修改,并不只是放弃最近一次的改动。因此,当做出了比较满意的改动之后,就应该先存盘,然后再进行以后的修改。这里提醒,在编辑前,要给待编辑的声音文件做备份,以防无法恢复原有的声音文件。

3. 删除声音文件开头和结尾的空白部分

编辑声音文件的一个重要目的就是选择所需要的声音片段,尽量将空白的音首和音尾都剪切掉。需要注意的是,在剪切看似包含静音的声音文件之前,最好先试听一下。有时看似静音的部分实际上还是包含信息。剪切后,也要把整个声音再放一遍,并做好撤销的准备。

具体方法操作如下:

①移动控制滑块,直到声波框中的基线显示到达文件起始点为止,停在这个点上。

②在“编辑”菜单中选择“删除当前位置以前的内容”命令,录音程序会把现在位置之前的所有声音信息删除。若删除当前位置之后的内容,也同理。

③在弹出的对话框中单击“确定”按钮,以确认要删除这些数据,如图5-8所示。

④播放编辑后的声音文件,查看播放的效果。如果在编辑过程中,误删了某些内容,可以在“文件”菜单中选择“恢复”命令,恢复原有的内容。

4. 把文件插入到另一个文件中

“编辑”菜单中还包括把某个文件的内容插到另一个文件中的功能,以增加一

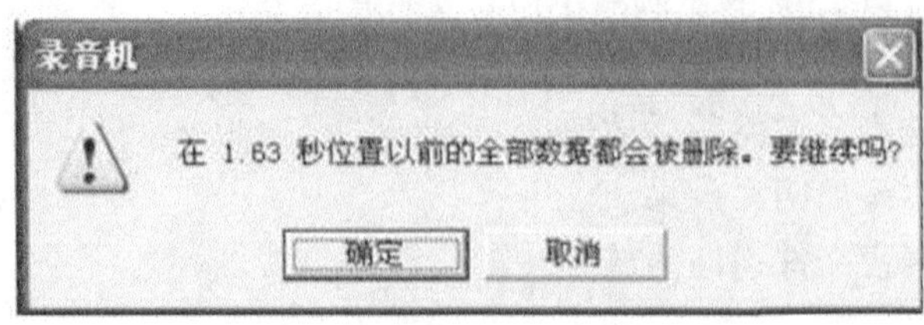

图 5－8　删除当前位置以前的内容

种更壮观的听觉效果。具体操作步骤如下：

①打开一个声音文件，定位插入点，也可以把插入点定位在文件的开始处。在“编辑”菜单中选择“插入文件”命令。

②“插入文件”对话框出现后，在文件列表框中选择任一个 WAV 文件，再单击“确定”按钮即可。

插入声音文件的另一种方法是使用复制和粘贴技术。同时打开至少两个录音机窗口，一个窗口用于编辑声音，从它的“编辑”菜单中选择“复制”命令，再切换到另外一个录音机窗口，并选择“粘贴插入”命令即可。

录音机中的“复制”命令将复制其窗口中的整段声音，因此，需要在复制之前删除任何不必要的声音。

5. 混入第二种声音

录音程序可以混合两个声音文件并让它们同时播放。可以试着在一种声音文件中加入一些背景音乐，来制造特殊气氛。当新声音叠加到原声音上时，并不损失原声音的音质和音量。如果计算机里没有任何音乐文件，可以用麦克风（或音频线输入）从立体声音响中录一点音乐。混入声音的具体操作步骤如下：

①打开一种声音文件，定位插入点；

②在“编辑”菜单中选择“与文件混合”命令；

③选择要混入一种声音的文件，单击“打开”按钮；

④将文件倒回至起始处再播放一遍，就会听到混合的声音。

另外，也可选用“编辑”菜单中的“粘贴混入”命令，该声音将从插入点起与原有声音相混合。若将滑块调至不同的位置，可混入多个不同的文件，则特殊效果更佳。

6. 添加特殊效果

通过录音程序“效果”菜单可以轻而易举地提高录音效果，单纯的声音文件可以变成超级音效，如添加回声效果、改变播放速度、改变音量、反向播放等。录音程序中的“效果”菜单。

(1)提高音量

当要混入两个声音文件,或把一个文件插入到另一个文件时,调整音量的功能就变得相当重要了。比方说,在把音乐加入到声音文件时,文件的声音部分可能会被音乐所淹没。为了补救这种情形,可以启动声音文件并将音量调高,或是将音乐文件的音量调低。

具体操作方法如下:

①在录音程序中打开要处理的声音文件。

②在“效果”菜单中选择“加大音量”命令。调节声音文件的音量会影响整个记录,所以每次只能以一个固定量来调高或调低音量。

③重新播放这个声音文件。如果声音还是不够大,再选择一次“加大音量”,重复执行这个动作,直到达到想要的音量为止。

(2)调低文件的音量

如果某个文件因为当初录音的音量太高致使效果失真,可以打开这个文件,然后在“效果”菜单中选择“降低音量”命令。再次播放文件,观察声波框中的变化并对音量大小做适当调整。

(3)改变声音文件的播放速度

如果想改变声音文件的播放速度,可以单击“效果”菜单中的“加速”和“减速”这两个命令来增加或减慢播放的速度。这两个命令的速度比率是固定的,即减速50%,或加速100%。改变声音文件的播放速度后,声音会出现失真。如果对改变后的声音效果不满意,可以选择“编辑”菜单中的“撤销”命令,以恢复原来的声音文件。

(4)添加回音

录音机提供了一种自动音响效果,即回音。回音效果是先把声音的复制延时,再降低音量,最后再与原来的声音混合形成的。混响效果包含了多个延时很短、音量很低的回音。如果声音文件听起来有点呆板,可以选择“效果”菜单中的“加入回音”命令,使声音听起来更自然。加入回音会在整个文件中增加一定比例的共鸣效果,声音会显得更有深度且更具特色。多数情况下,需要多次重复执行该命令,才可能听到较满意的回音。

(5)反向播放

在“效果”菜单中选择“反转”命令,可以把声音倒过来播放。单击播放钮就可以听到逆向播放的声音。如果不喜欢这种效果,只要再单击一次“反转”命令即可。

7. 声音的压缩

虽然 WAV 文件的回放效果好，但在播放时间相同的情况下，WAV 文件与 MIDI 或 MP3 文件比较起来，数据量要大得多。因此，可以在基本上不影响质量的前提下，将 WAV 文件进行压缩。用录音机处理 WAV 文件的操作步骤如下：

①用“录音机”打开一个 WAV 文件，然后再打开“另存为”对话框。

②对话框的下面有一个“更改”按钮，按钮的左边显示的是当前 WAV 文件的音频格式。

③单击“更改”按钮，弹出一个“声音选定”对话框，如图 5－9 所示。在“属性”下拉列表中有许多音频组合可供选择，其中“PCM”格式，“8 kHz，8 位，单声道”属性组合压缩最大。

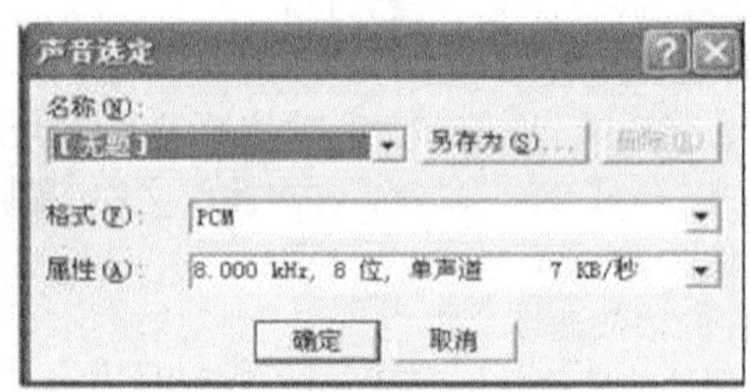

图 5－9　声音属性设置

在某些一定要用 WAV 格式声音文件的情况下，压缩 WAV 文件的体积很有意义。另外，从 CD 光盘上抓下的文件（此时为 WAV 文件）在转换成 MP3 之前，先用“录音机”处理一下也能使转换后的 MP3 文件的体积更小。

其实，相对于声卡附带的功能强大的声音编辑器来说，WindowsXP 提供的录音机对于数字波形文件的编辑能力是有限的。大多数声卡提供的波形声音编辑器具有各种功能，如上一节所述，一些公司已经开发出了十分复杂的商业化声音编辑软件，这些音频编辑工具，使我们“看”音乐就如同听到音乐一样。借助于画出音频的某种表示，不管是乐谱还是波形，都可以对它进行剪切、复制、粘贴，或对其某一个段落进行十分精细的编辑。

5.3　Cool Edit Pro 声音编辑软件

Cool Edit Pro 是美国 Syntrillium Software Corporation 公司开发的一款功能强大、效果出色的多轨录音和音频处理软件。它是一个非常出色的数字音乐编辑器和 MP3 制作软件。它不仅可以对音调、歌曲的一部分、声音、弦乐、颤音、噪音或是调整静音进行处理，而且还提供放大、降低噪音、压缩、扩展、回声、失真和延迟等多种特效，还可以同时处理多个文件，轻松地在几个文件中进行剪切、粘贴、合并及重叠声音操作。使用它可以生成的声音有噪音、低音、静音和电话信号等。该软件还包含 CD 播放器。其他功能包括支持可选的插件、崩溃恢复、支持多文件、自动静音检测和删除、自动节拍查找、录制等。另外，它还可以在 AIF，AU，MP3，RawPCM，SAM，VOC，VOX，WAV 等文件格式之间进行转换，并且能够保存为 RealAudio 格式。

5.3.1　Cool Edit Pro 界面组成

1. Cool Edit Pro2.1 操作界面

Cool Edit Pro 的工作界面分为单轨波形编辑界面和多轨界面，分别如图 5 - 10 和图 5 - 11 所示，界面中从上到下共分为标题栏、菜单栏、工具栏、波形显示区、操作区和状态栏六个部分。

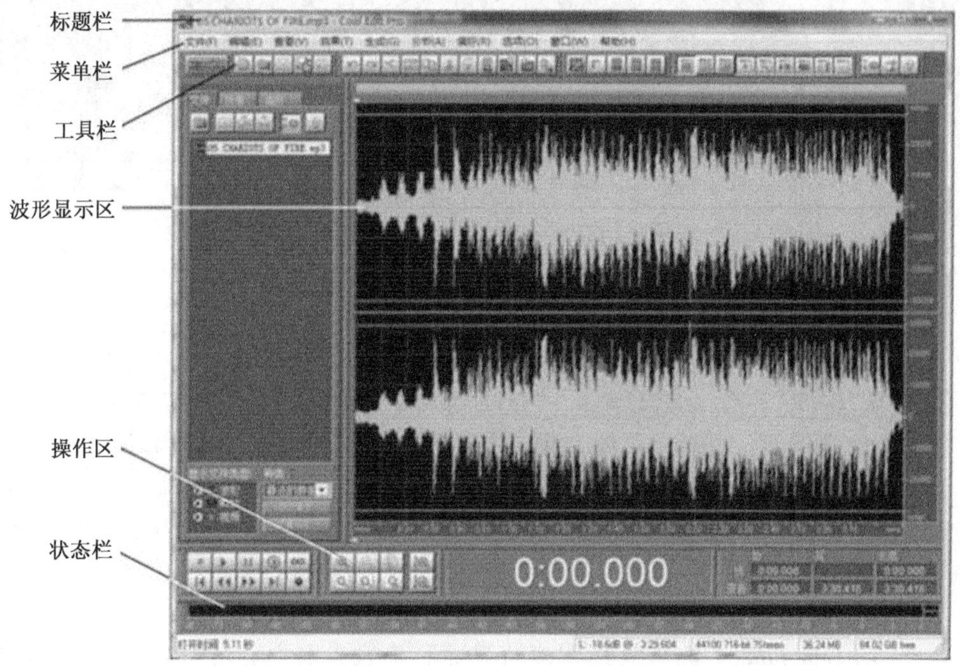

图 5 - 10　Cool Edit Pro2.1 单轨波形编辑界面

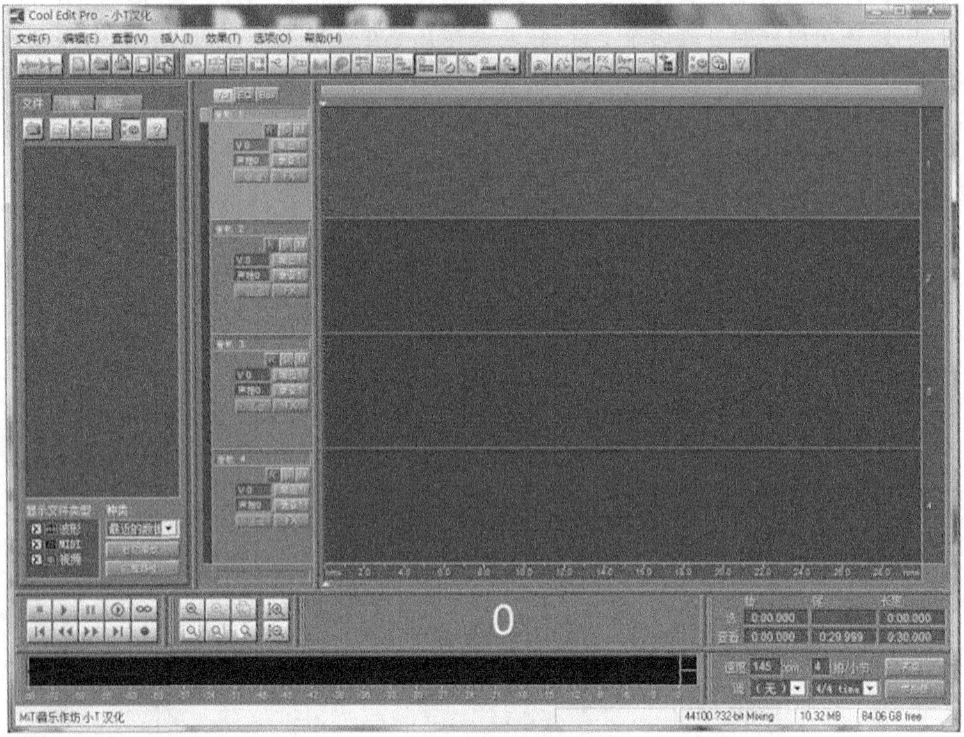

图 5－11　Cool Edit Pro2.1 多轨界面

2. 菜单栏

Cool Edit Pro2.1 的菜单栏因界面的不同而不同。在多轨界面中菜单栏有 10 项，包括“文件”菜单、“编辑”菜单、“查看”菜单、“效果”菜单、“生成”菜单、“分析”菜单、“偏好”菜单、“选项”菜单、“窗口”菜单和“帮助”菜单。多轨界面的菜单用于不同轨迹的音量、位置调整、声音插入、剪切复制等混音合成编辑。而单轨界面中的菜单栏有七项，包括“文件”菜单、“编辑”菜单、“查看”菜单、“插入”菜单、“效果”菜单、“选项”菜单和“帮助”菜单。它的主要任务是进行录音、编辑及设置等。

3. 工具栏

Cool Edit Pro2.1 的工具栏在多轨界面和单轨界面中有所不同，如图 5－12 所示。

4. 波形显示区

波形显示区也叫作波形显示窗，这里以波谱图形的方式显示音频文件，单声道波形文件只显示一行，双声道分为上、下两行，如图 5－13 所示。在多轨界面，一般

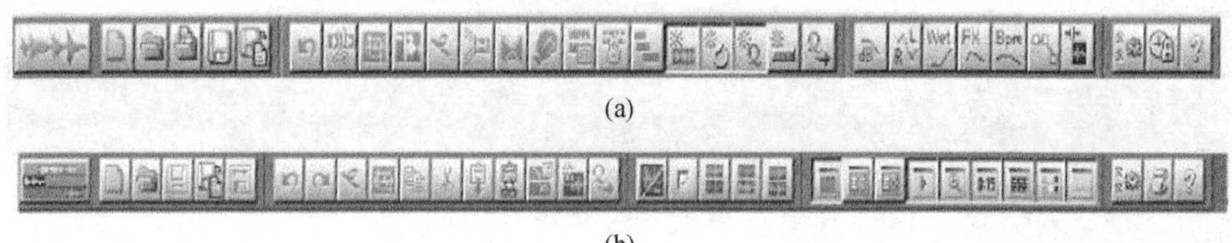

(a)

(b)

图 5－12　工具栏

(a)多轨工具栏;(b)单轨工具栏

一个波形文件占单独一轨,也可以用鼠标将某轨的波形拖到另一轨的波形文件后边,将两个波形合并到同一轨中。

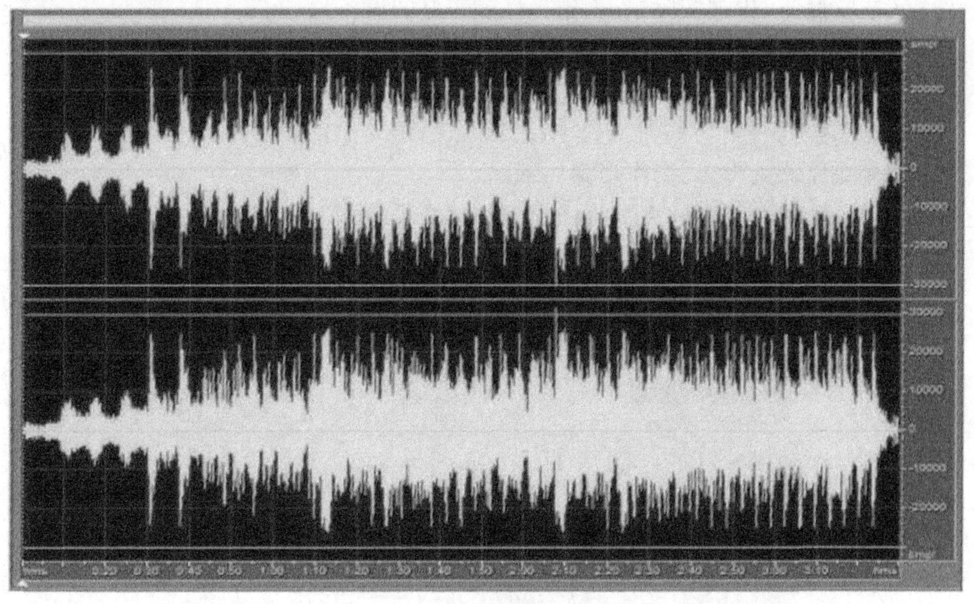

图 5－13　波形显示区

5. 操作区

操作区中包括录放按钮、缩放按钮、时段显示、电平指示条等,如图 5－14 所示。

图 5 – 14　操作区

5.3.2　录音前的准备与录音

1. 录音前的准备

①确定主题；

②选取音源（质量高、录音环境好）；

③选取设备（根据实际情况，选择性能较好的设备）；

④规划好实际需要录制的内容。

2. 声音的录制

(1)用麦克风输入声音

用麦克风输入声音，操作步骤如下：

①双击屏幕右下角的小喇叭标志，弹出“音量控制”对话框，单击“选项”菜单，选择“属性”命令，如图 5 – 15 所示。

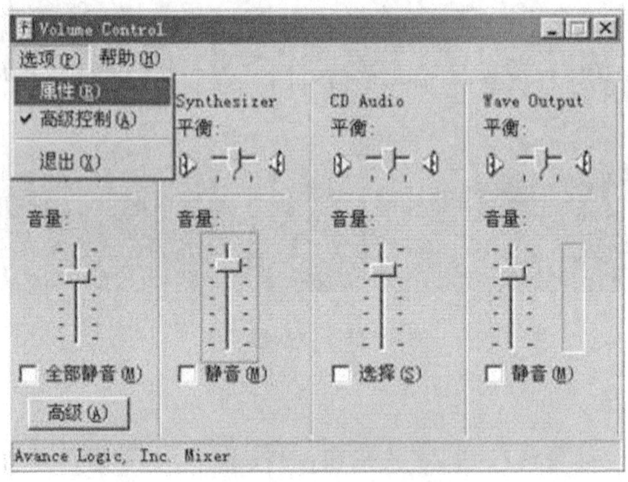

图 5 – 15　声音与音频属性

②在“属性”对话框的“调节音量”单选按钮框中选择“录音”按钮,在“显示下列音量控制”列表框中选择“麦克风”复选框,然后单击“确定”按钮。

③启动 Cool Edit Pro2.1,单击 Cool Edit Pro2.1 左上角或按 F12 键切换到波形编辑界面。

④在波形编辑界面的“文件”菜单中选择“新建”命令。

⑤在弹出的“新建波形”对话框中,在“采样率”列表框中选择“44 100”,在“声道”框中选择“立体声”单选按钮,在“采样精度”框中选择“16 位”单选按钮,然后单击“确定”按钮。

⑥噪音采样。录下一段空白的噪音文件,不需要很长,选择“效果/噪音消除/降噪器”命令,选择噪音采样,单击“关闭”按钮。

⑦单击操作区下面的红色录音键就可以通过麦克风来录制所需要的音频。

⑧录制的声音首先要进行降噪,虽然录制环境要保持绝对的安静,但还是会有很多杂音的。单击“效果”中的降噪器,由于在步骤⑥中已经做了环境的噪音采样,此时只需单击“确定”按钮,降噪器就会自动消除录制声音中的环境噪音。也可以打开“预览”功能自己拖动直线来进行调整,直到满意为止。

⑨单击“文件”菜单,选择“另存为”命令,选择保存类型后对所录的声音进行保存。

(2)录取计算机中播放的音频

只需在“调节音量”单选按钮框中选择“录音”按钮,然后在“显示下列音量控制”列表框中选择“波形输出混音”复选框,然后单击“确定”按钮。其他操作同用麦克风录音类似。

5.3.3　Cool Edit Pro 剪辑

音频在多轨编辑模式下,各个音轨的波形需要对齐、剪切、复制,以及移动到其他音轨中去。编辑音频的方法如下。

1. 声音的对齐和移动方法

用鼠标拖出音轨的波形选择区域,单击鼠标右键并拖曳到其他音轨上,即可实现。

2. 剪切部分声音的方法

用鼠标拖出音轨的波形选择区域,单击鼠标右键,弹出快捷菜单,选择“分割”命令后单击鼠标右键并拖曳即可实现剪切部分声音。

3. 复制部分声音的方法

用鼠标拖出音轨的波形选择区域,单击鼠标右键,弹出快捷菜单,选择“循环副本”命令后设置循环次数即可实现复制部分声音。

4. 删除部分声音的方法

在单轨界面下选择菜单栏中的“文件/打开”命令,打开需要选择的音频文件,可以看到一个波形文件,单击操作区中的播放按钮或按空格键播放监听,选择入点和出点。单击鼠标左键移动选中所要删除的部分,此时会出现如图 5-16 所示的白色反选部分,然后按键盘上的 Delete 键进行删除。

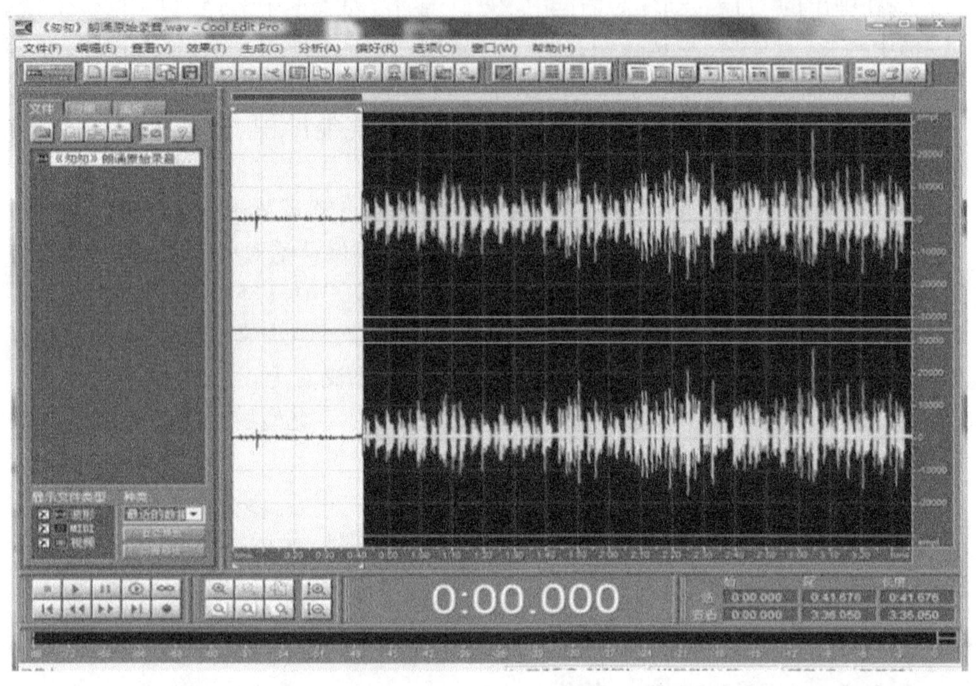

图 5-16　波形的删除

完成音频的编辑后,选择“文件”菜单中的“另存为”命令,在“保存类型”下拉列表中选择所要保存的音频格式。

5.3.4　Cool Edit Pro 音频特效

在“效果”菜单中包含丰富的音频处理效果,它是 Cool Edit Pro 的核心部分,也是 Cool Edit Pro 超越其他音频处理软件的主要原因。Cool Edit Pro 音频处理效果有以下几种。

1. 反相

将波形沿中心线上半部分和下半部分调换,如图 5-17 所示。

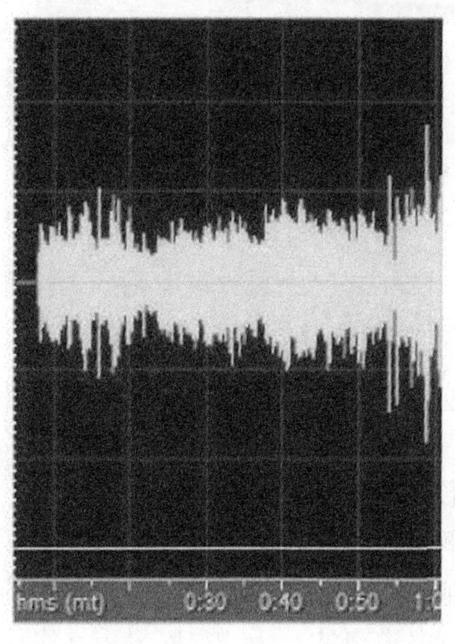

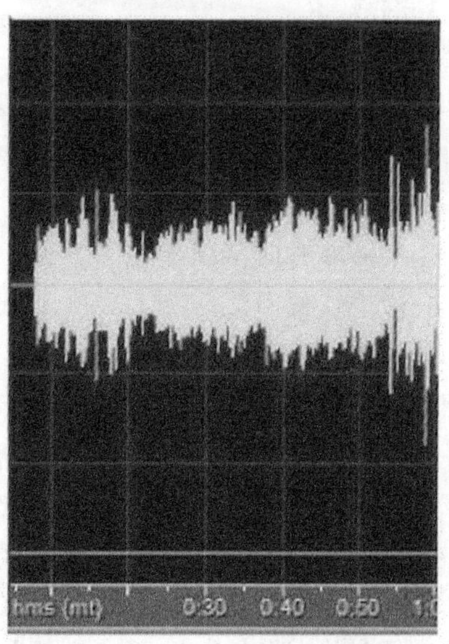

图 5-17　波形反相

2. 倒置

将选中的波形开头和结尾反向,如图 5-18 所示。

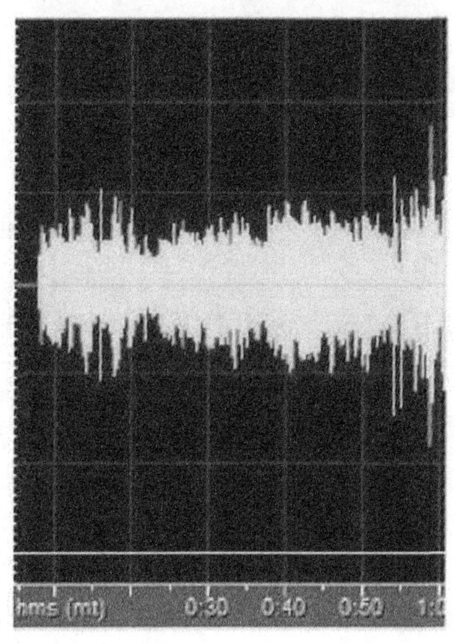

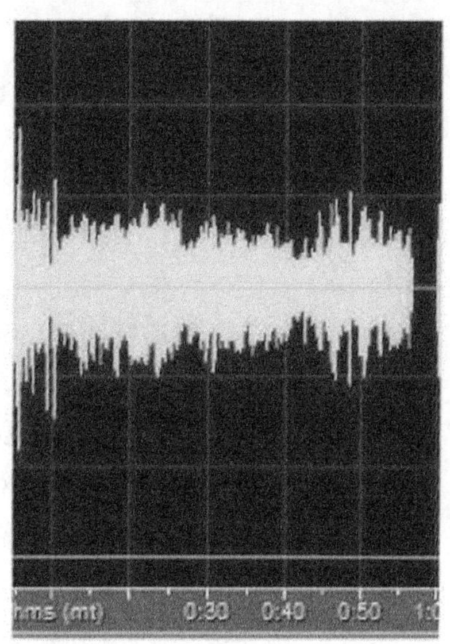

图 5-18　波形倒置

3. 静音

将选中的波形做静音处理。

4. DirectX(效果器插件)

DirectX 中都是支持 Direct 的效果器插件。

5. 变速/变调

用来改变音频的时值和声调。

6. 波形振幅

波形振幅可以有以下扩展选项。

①动态处理:可以根据录音电平动态调整输出电平。

②渐变:将当前波形或被选中波形的振幅扩大或缩小。

③空间回旋:调整当前波形或被选中波形的动态环绕效果。

④强硬限制:将音频信号限制在最大电平设置内。

⑤声道重混缩:将当前音频文件的两个通道进行混合,输出新的两个通道,如左右声道交换、消减人声、双声道都取原左/右声道声波。

⑥声相/声场:改变声相曲线可以将波形的全部或部分的音量处理成左右相位不断转移以及增强立体声等效果。

⑦音量包络:改变包络线可以将波形的全部或部分的音量处理成从渐强到渐弱、保持后渐弱、快速逐渐进入、平滑进入、平滑结束,还可以将波形处理成铃声颤动,锯齿形强弱循环等效果。

⑧音量标准化:可将音频信号电平调到最大,而不至于削峰。

7. 常用效果器

常用效果器包括以下扩展选项。

①合唱:利用它可以将人声处理成多种合唱效果,如多人齐唱、二重唱、四重唱等。

②延时:在左右声道各自选择延时时间和混合比例,可模拟出多种延时效果。

③回声:可以模拟许多不同的声音。

④房间回声:模拟一个三维空间所产生的回声效果。

⑤混响:是模仿声音的空间感的效果,通常指多个反射重叠的残响。

⑥多重延时:延时、回声、滤波、混响等效果的集合。

8. 滤波器

滤波器可以产生加重低音、突出高音的效果。

9. 降噪

降低甚至消除波形中的各种噪音。

5.3.5　动手实践实例

【例 5 -1】　将音频文件“天鹅湖. mp3”做一个淡入淡出效果。

具体操作步骤如下：

①在单轨界面选择“文件”，打开素材文件“天鹅湖. mp3”。

②选择音频文件前 20 s 波形。

③单击“效果/波形振幅/渐变”菜单命令。

④在弹出的对话框右边的“预置”列表框中选择“FadeIn”选项，如图 5 - 19 所示。

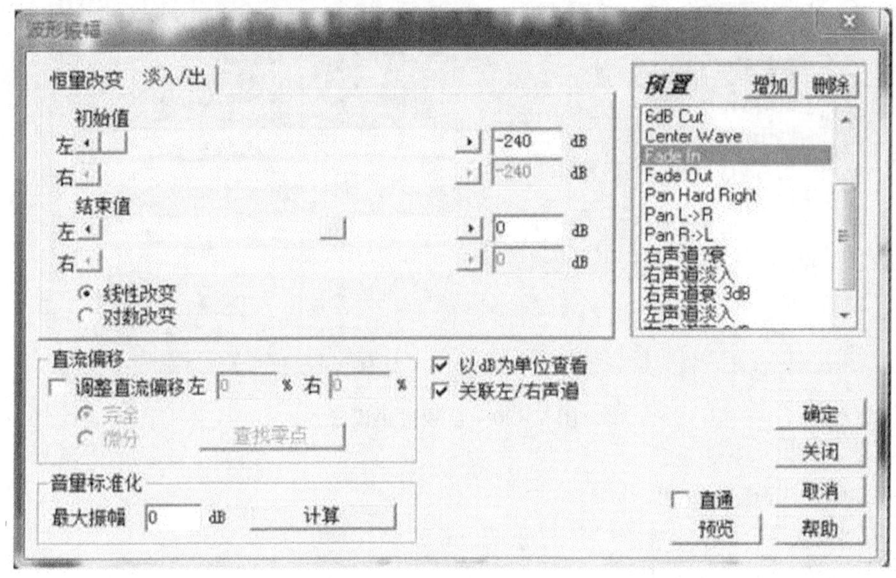

图 5 - 19　淡入效果设置

⑤其他选项保持默认值，单击“确定”按钮。

⑥再选择音频文件后 20 s 波形。

⑦重复步骤③。

⑧在弹出的对话框右边的“预置”列表框中选择“FadeOut”选项。

⑨单击“确定”按钮。

⑩将处理后的文件另存为“天鹅湖淡入淡出. mp3”。

【例 5 -2】　将独唱音频处理成重唱、合唱形式。

具体操作步骤如下：

①在单轨界面选择“文件”命令，打开素材文件“天鹅湖.mp3”。

②选择整个波形。

③单击“效果/常用效果器/合唱”菜单命令。

④在弹出的对话框右边的“预置”列表框中选择“Duo”选项，如图 5－20 所示。

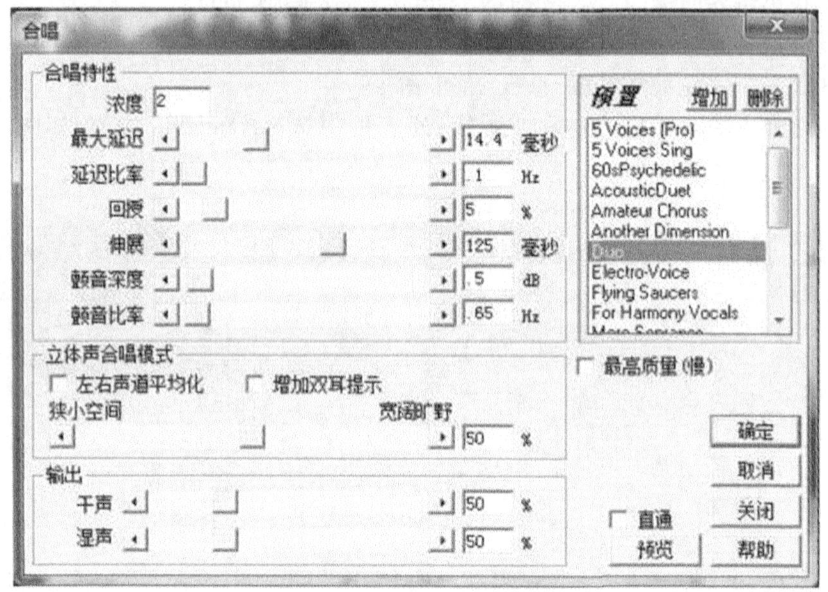

图 5－20　合唱效果设置

⑤单击“确定”按钮。

⑥将处理后的文件另存为“二重唱.mp3”。

⑦再次选择整个波形。

⑧单击“效果/常用效果器/合唱”菜单命令。

⑨在弹出的对话框右边的“预置”列表框中选择“MostSopranos”选项。

⑩单击“确定”按钮，然后将处理后的文件另存为“合唱.mp3”。

【例 5－3】　添加多重延迟效果。

具体操作步骤如下：

①在单轨界面选择“文件”命令，打开素材文件“天鹅湖.mp3”。

②选择整个波形。

③单击“效果/常用效果器/多重延迟”菜单命令。

④在弹出的对话框左边的“预置”列表框中选择“RichDoubleTap”选项，如图 5－21所示。

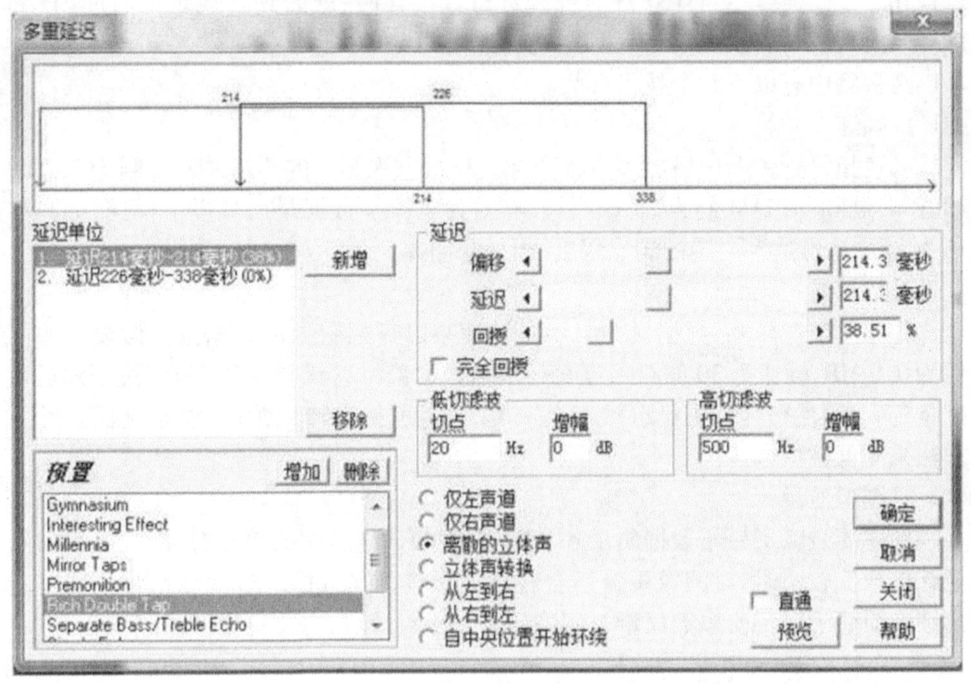

图 5－21　多重延迟效果设置

⑤单击“确定”按钮。

⑥将处理后的文件另存为“多重延迟. mp3”。

5.4　视频文件概述

5.4.1　视频

视频影像实质上是快速播放的一系列静态图像，当这些图像是实时获取的人文和自然景物图时，称为视频影像。计算机视频是数字的，视频图像可来自录像带、摄像机等视频信号源的影像，这些视频图像使多媒体应用系统功能更强、更精彩。

视频有模拟视频（如电影）和数字视频，它们都是由一序列静止画面组成的，这些静止的画面称为帧。一般来说，帧率低于 15 帧/秒，连续运动视频就会有停顿的感觉。我国采用的电视标准是 PAL 制，它规定视频 25 帧/秒（隔行扫描方式），每帧625个扫描行。当计算机对视频进行数字化时，就必须在规定的时间内（如1/25 s内）完成量化、压缩、存储等多项工作。

在视频中有以下几个技术参数。

1. 帧速

帧速指每秒钟顺序播放多少幅图像。根据电视制式的不同，NTSC制为30帧/秒、PAL制和SECAM制为25帧/秒。有时为了减少数据量而减慢了帧速，如只有16帧/秒，也可达到一定的满意程度，但效果略差。

2. 数据量

如果不经过压缩，数据量的大小是帧速乘以每幅图像的数据量。假设一幅图像为0.6 MB，帧速为30帧/秒，则每秒所需数据量将达到18 MB。但经过压缩后数据量仍太大，使得计算机显示跟不上速度，这时可采取降低帧速、缩小画面尺寸等方法来降低数据量。

3. 图像质量

图像质量除了原始数据质量外，还与对视频数据压缩的倍数有关。一般来说，压缩倍数比较小时，对图像质量不会有太大影响，而超过一定倍数后，将会明显看出图像质量下降。所以数据量与图像质量是一对矛盾，需要折中考虑。

5.4.2 视频文件格式

1. AVI格式的视频文件

AVI是Audio Video Interlaced的缩写，意为“音频视频交互”。该格式的文件是一种不需要专门的硬件支持就能实现音频与视频压缩处理、播放和存储的文件。AVI视频文件的扩展名是“.avi”。AVI格式文件可以把视频信号和音频信号同时保存在文件当中，在播放时音频和视频同步播放，所以人们把该文件命名为“视频文件”。

AVI视频文件应用非常广泛，并且以其经济、实用而著称。该文件采用320像素×240像素的窗口尺寸显示视频画面，画面质量优良，帧速度平稳，可配有同步声音，数据量小。因此，目前大多数多媒体产品均采用AVI视频文件来表现影视作品、动态模拟效果、特技效果和纪实性新闻。

2. MPEG格式的视频文件

MPEG是Motion Picture Experts Group的缩写，MPEG方式压缩的数字视频文件包括MPEG1，MPEG2，MPEG4在内的多种格式，常见的MPEG1格式被广泛用于VCD的制作和一些视频片段下载的网络应用上面。使用MPEG1的压缩算法，可以把一部120 min长的电影压缩到1.2 GB左右大小。MPEG2则是应用在DVD的制作方面，同时在一些HDTV（高清晰电视广播）和一些高要求视频编辑、处理上面也有相当的应用面。使用 MPEG2 的压缩算法压缩一部 120 min 长的电影可以压缩到 4 ~ 8 GB 的大小。

5.4.3 视频影像的获取

获取数字视频信息主要有两种方式。第一种方式是将模拟视频信号数字化，即在一段时间内以一定的速度对连续的视频信号进行采集。所谓采集就是将模拟的视频信号经硬件设备数字化，然后将其数据加以存储。在编辑或播放视频信息时，将数字化数据从存储介质中读出，经过硬件设备还原成模拟信号后输出。使用这种方法，需要拥有录像机、摄像机及一块视频捕捉卡。录像机和摄像机负责采集实际景物，视频捕捉卡负责将模拟的视频信息数字化。第二种方式是利用数字摄像机拍摄实际景物，从而直接获得无失真的数字视频。就目前来讲，由于数字摄像机的普及，第二种方式使用的场合多一些。

5.4.4 视频编辑软件介绍

视频编辑就是对捕获来的视频影像进行编辑处理，来完成部分片断的制作。传统的影视编辑大多采用模拟方式，通过对拷贝的剪贴等方式制作出各种特技效果。而计算机处理视频影像则是利用数字方式对数字化的视频信息进行编辑处理，制作出具有多种视觉效果的视频文件。具有数字视频编辑功能的软件很多，其中比较常用的有 WindowsMovieMakers，AdobePremiere，MediaStudioPro，AvidXpressPro，UleadVideoStudio，AfterEffects 等。

Premiere 是公认的一种理想专业化数字视频处理软件，它可以配合多种硬件进行视频捕获和输出，提供各种精确的视频编辑工具，并能产生广播级质量的视频文件。用 Premiere 不仅可以制作各种特技效果，而且可以让每位掌握它的用户都成为一名出色的导演，它可以为多媒体应用系统增添高水平的创意。

Premiere 的工作界面如图 5 - 22 所示。它包括项目窗口、时间线窗口、监视窗口、控制面板等。

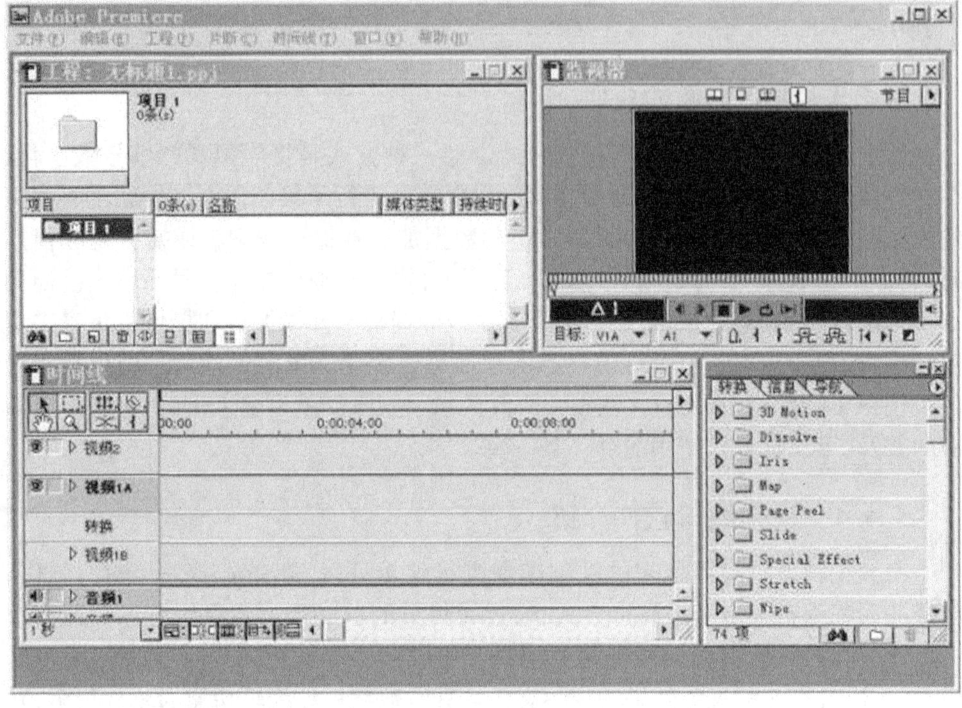

图 5－22　**Premiere 的工作界面**

5.5　Windows Movie Maker 的使用

5.5.1　Windows Movie Maker 概述

Windows Movie Maker 在 Windows 中是一个重要媒体工具，该工具可以直接从数字摄像机或数码相机中获取声音和电影片断制作自己的电影剪辑，也可以将录像带上的内容复制存储成数字格式文件。压缩后每 1 GB 的硬盘空间可以存储 20 h的影像。Windows Movie Maker 可以自动为硬盘上的每个视频文件制作索引，还可以对其进行编辑。此外，也可以将硬盘中的图片添加进来，配上切换效果，加上解说词，可以制作出自己的数字视频文件。由该工具制作的视频文件是微软公司支持的 ASF 格式，它可以通过 Internet 进行实时播放。依次单击“开始/所有程序/附件/Windows Movie Maker”命令，启动“Windows Movie Maker”，其工作界面，它分成工具栏、收藏区、监视器和工作区四个主区域。

1. 工具栏

使用工具栏可快速执行一般任务操作，它可以代替菜单的一些功能。要显示或隐藏工具栏，单击"查看/工具栏"命令，然后单击要显示或隐藏的工具栏的名称。Windows Movie Maker 的工具栏，如图 5 – 23 所示。

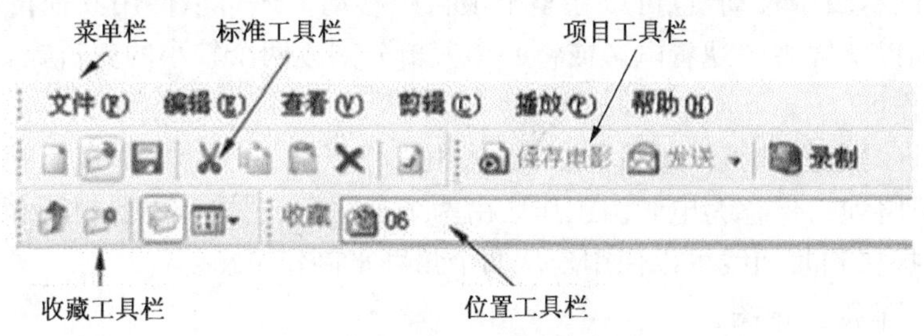

图 5 – 23　工具栏区域

2. 收藏区

使用收藏区对录制或导入的音频、视频和静止图像内容进行整理。收藏包含剪辑，可以将剪辑从收藏区拖到当前工作区的项目中，还可以将剪辑拖到监视器上来播放它们。一个剪辑仅仅表示一个原始素材文件，如果对一个剪辑进行了更改，所做更改将只反映在当前项目中，它们不影响素材文件。收藏按名称排列在左边的窗格中，而所选收藏中的剪辑显示在右边的窗格中。如图 5 – 24 所示，收藏区中显示有三个剪辑。

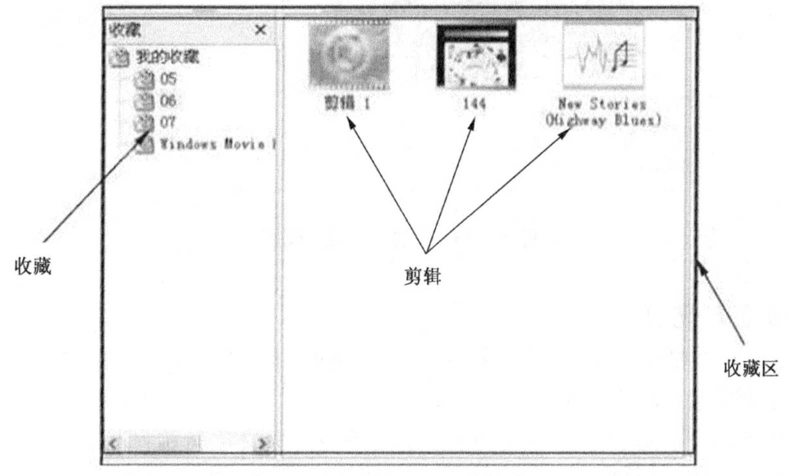

图 5 – 24　收藏区

3. 监视器

使用监视器可预览视频内容,其中包括一个随着视频的播放而移动的搜索滑块和用于播放视频的监视器按钮。使用监视器可以查看单个剪辑或整个项目,也可以在将项目保存为电影之前,对其进行预览。在监视器中,可以使用导航按钮在一个单独的剪辑中移动,也可以在整个项目中移动。还可以使用其他按钮执行多种功能,如以全屏视图观看电影或将一个剪辑分割成两个较小的剪辑等。

4. 工作区

工作区是制作和编辑项目的区域,使用工作区对制作的电影进行编辑。制作完成后,可将项目保存为电影。工作区由两个视图组成:情节提要视图和时间线视图。情节提要和时间线可以使用户从两个角度来制作电影。

(1)情节提要视图

情节提要视图是工作区的默认视图。在这个视图中,可以查看项目中剪辑的排列顺序。而且如果需要的话,还可以容易地对这些剪辑进行重新排列。也可以在监视器中预览所选剪辑,或者单击工作区中的空白区域来预览当前项目中的所有剪辑。与时间线视图不同,添加到当前项目中的音频剪辑不在此视图中显示。图 5 - 25 所示为以情节提要视图显示的工作区,其中项目由情节提要视图中的所有剪辑构成。

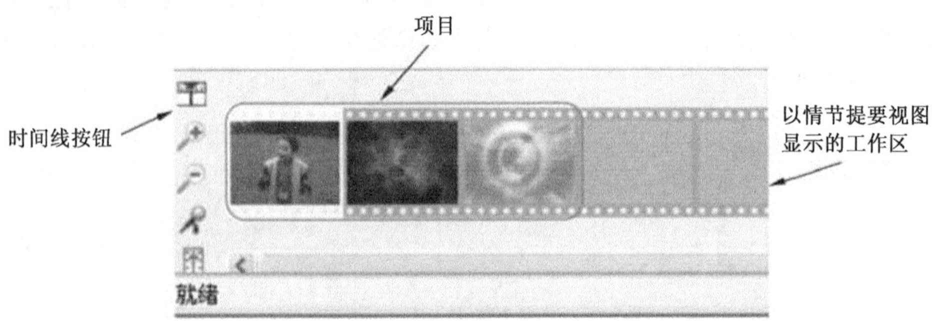

图 5 - 25 “情节提要”视图

(2)时间线视图

使用时间线视图来查看或调整项目中剪辑的时间选择,可以在两个相邻剪辑间建立同时淡出及淡入过渡。

使用时间线视图中的按钮可以执行以下任务:更改项目视图、放大或缩小项目中的细节、录制解说或调节音频级别。时间以时: 分: 秒. 百分之几秒(h: mm: ss. hs)的形式显示。要将剪辑中多余的部分剪裁掉,可使用剪裁手柄,它将在选中一个剪辑时显示。可以在监视器中预览所选剪辑,或者单击工作区中的空白区域来预览当前项目中的所有剪辑。图 5 - 26 所示为以时间线视图显示的工作区,其项目由时间线视图中的所有剪辑构成。

图 5 - 26　“时间线”视图

5.5.2　Windows Movie Maker 编辑视频

在认识了 Windows Movie Maker 界面各区域后,要实现一个视频节目的编辑操作,具体操作方法如下。

1. 导入素材

素材可以是视频、音频或图形文件,这些文件可以直接录制,也可以到其他地方去收集。依次单击菜单栏中的“文件/导入”命令,然后导入所需的文件。

2. 简单编辑

把“剪辑”(影片片断)和“图片”分别拖放到时间线上,右击“图片”,弹出快捷菜单,单击“播放整个情节提要/时间线”命令。

3. 保存电影

当所有的编辑操作完成后,单击“保存电影”按钮,在打开的设置界面中选择当前保存视频文件的输出质量(程序默认使用中等质量),以及该视频文件的版权信息,如标题、作者、日期、分级、说明等,如图 5 - 27 所示,确定后在文件名框中设置保存文件的文件名和保存路径。

保存电影完毕后,系统会提示是否观看已保存的影片。图 5 - 28 所示为在 MediaPlayer8.0 中观看这段影片。

Windows Movie Maker 程序还提供了直接将制作的电影作为电子邮件附件发送以及直接发布到 Web 服务器的功能,用户可以根据自己的需要选择。这两个命令位于“文件”菜单中的“将电影发送到”子菜单中。

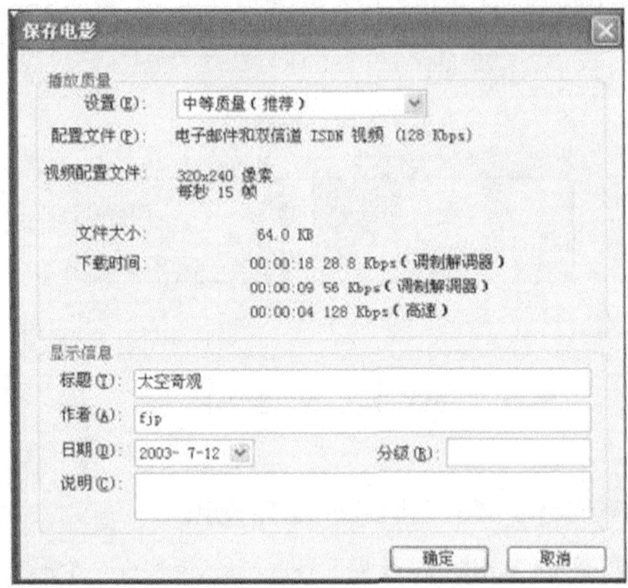

图 5-27 “保存电影”对话框

图 5-28 在 MediaPlayer8.0 中观看影片

第 6 章　Flash 动画型课件制作

【概述】 本章阐述 Flash8 的有关基本知识,包括图层与时间轴的概念、帧、元件与实例的操作、绘图工具的使用,详细介绍运动动画、变形动画、遮罩动画和逐帧动画的制作方法。Flash 是当今 Internet 上最流行动画作品的制作工具,也是网络课件制作的主要工具。它之所以在网上广为流传,其一是动画文件容量小,其二就是采用了流控制技术。简单地说,就是边下载边播放的技术,不用等整个动画下载完,就可以开始播放。

Flash 目前已经成为实事上的交互式矢量动画标准,软件巨头 Microsoft 公司也在其新版的 InternetExplorer 内嵌 Flash 播放器。由于在 Flash 中采用了矢量作图技术,各元素均为矢量,因此只用少量的数据就可以描述一个复杂的对象,从而大大改变了动画文件的大小。矢量图像可以真正做到无极放大和缩小,即可以将一幅图像任意地缩放,而不会有任何失真。

Flash 动画是由时间发展为先后顺序排列的一系列编辑帧组成的。在编辑过程中,除了传统的"帧 - 帧"动画变形以外,还支持过渡变形技术,包括移动变形和形状变形。"过渡变形"方法只需制作出动画序列中的第一帧和最后一帧(关键帧),中间的过渡帧可以通过 Flash 计算自动生成。这样不但可以大大减少动画制作的工作量,缩减动画文件的尺寸,而且过渡效果非常平滑。Flash 对帧序列中的关键帧的制作,产生不同的动画和交互效果。播放时,也是以时间线上的帧序列为顺序依次进行的。

Flash 动画与其他电影的一个基本区别就是具有交互性。Flash 交互是通过 ActionScript 实现的。ActionScript 是 Flash 的脚本语言,随着其版本的不断更新,日趋完美。使用 ActionScript 可以控制 Flash 电影中的对象、创建导航和交互元素,制作非常具有魅力的课件作品。

6.1　Flash8 概述

6.1.1　Flash8 的操作界面

Flash8 的操作界面包括工具栏、图层、时间轴、工具箱、舞台、浮动面板、属性面板、动作脚本面板等，如图 6－1 所示。其中 Flash 中的舞台就像导演指挥演员演戏一样，要给演员一个排练演出的场所。在舞台工作区即可以绘制编辑图形、文字和创建动画，也可以展示图形图像、文字、动画等对象。

图 6－1　Flash8 的操作界面

1. 工具栏

工具栏中有 15 个按钮，如图 6－2 所示。

图 6－2　工具栏

2. 工具箱

工具箱提供了用于图形绘制和图形编辑的各种工具。工具箱内从上到下分为“工具”栏、“查看”栏、“颜色”栏和“选项”栏，如图 6－3 所示。单击按下某个工具按钮，即可激活相应的操作功能。

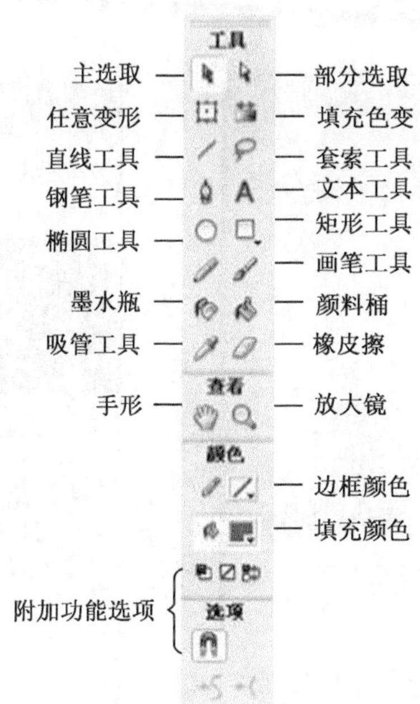

图 6－3　工具箱

6.1.2　控制面板

Flash8 操作界面包括三类控制面板：浮动面板、属性面板和动作脚本面板。

1. 浮动面板

使用浮动面板可以方便地编辑、调用对象，Flash8 为用户提供了多组控制面板，如对齐、信息、变形面板，颜色面板，库面板等。

(1)颜色面板

颜色面板包括混色器和颜色样本，要创建和编辑纯色以及渐变填充，可以使用混色器，如图 6－4 所示。配合颜料桶工具可以将颜色填充到指定区域。如果已经在舞台中选定了颜色对象，则在混色器中所做的颜色更改会被应用到该对象。

(2)库面板

库面板是存储在 Flash 中创建的元件以及导入的文件，如视频剪辑、声音剪辑、位图和导入的矢量插图。库面板中的素材如同参加演出的演员和背景道具。在影片的制作过程中，需要不时地从库面板中将素材拖曳到舞台中，按 Ctrl＋L 组合键可快速打开这个面板。如图 6－5 所示，库面板显示为一个滚动列表，其中包含库中所有项目的名称和文件类型。

图 6－4　颜色面板

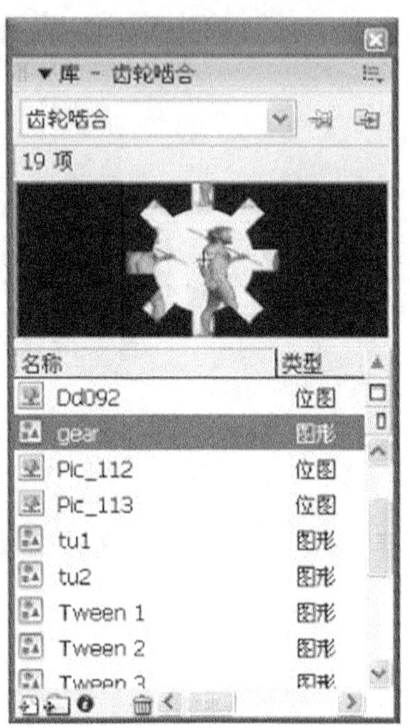

图 6－5　库面板

2. 属性面板

属性面板是一个非常有用的特殊面板，单击选中不同的对象或工具箱中的工具时，会自动调出不同的属性面板。属性面板集中了相应的参数设置选项。

例如，单击工具箱中的“文本工具”按钮，再单击舞台工作区，此时的属性面板如图 6－6 所示，其中提供了用于设置文字字体、大小、颜色等工具选项。

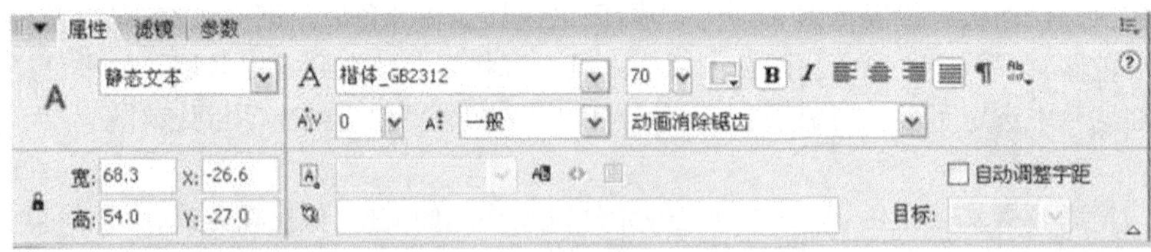

图 6－6　文本属性面板

3. 动作脚本面板

动作脚本是 Flash 的脚本撰写语言(ActionScript),如图 6 –7 所示。使用它可以向影片添加交互性。动作脚本提供了一些元素,如动作、运算符以及对象,可将这些元素组织到脚本中,指示影片要执行什么操作。用户可以对影片进行设置,从而使单击按钮和按下键盘键之类的事件可触发这些脚本,如可用动作脚本为影片创建停止按钮。

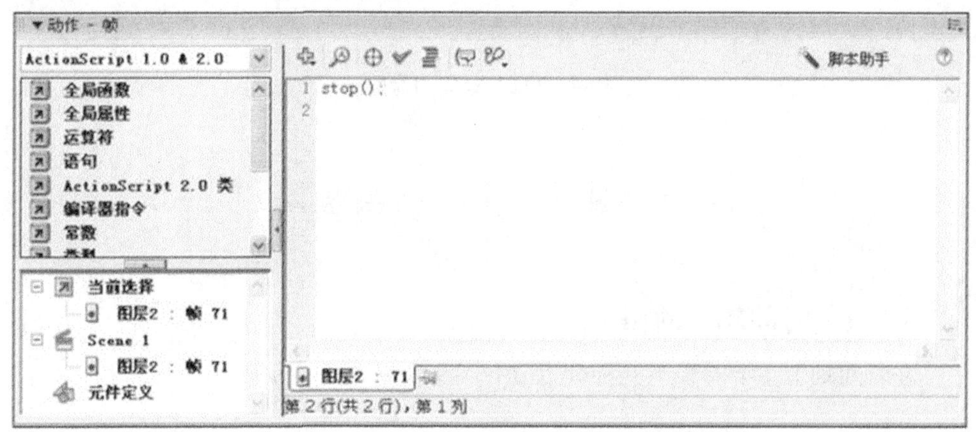

图 6 –7　动作脚本面板

在标准编辑模式下使用该面板,可以通过从菜单和列表中选择选项来创建脚本。在专家编辑模式下使用该面板,可直接向脚本窗格中输入文本。

6.1.3　图层与时间轴

1. 图层

图层就好比是一张透明的纸,把图像的不同部分画在不同的图层中,叠放在一起便形成了一幅完整的图像,而对每一个图层中的图像内容进行修改时,其他图层中的图像不会受到影响。这为用户修改、编辑图像提供了极大的方便。

2. 时间轴

时间轴是 Flash 进行动画创作和编辑的主要工具。时间轴就好像导演的剧本,它决定了各个场景的切换以及演员出场、表演的时间顺序。Flash 把动画按时间顺序分解成帧,在舞台中直接绘制的图形或从外部导入的图像,均可形成单独的帧,再把各个单独的帧画面连在一起,合成动画。每一个动画都有它的时间轴。图 6 –8所示为一个 Flash 动画的时间轴实例。

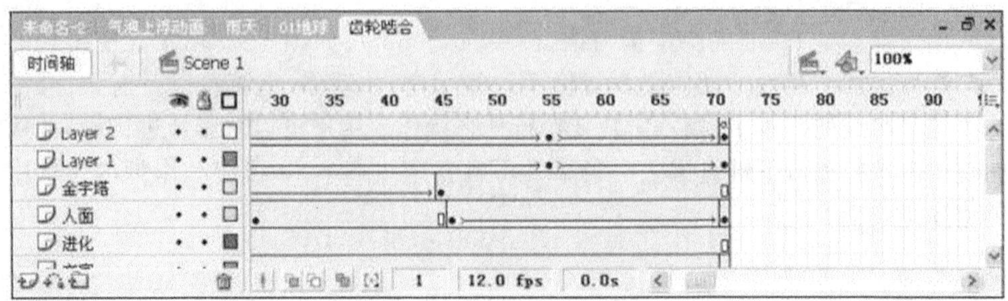

图 6-8 Flash 动画的时间轴

6.2 帧、元件与实例操作

6.2.1 时间轴上的帧

在时间轴上主要有以下几种帧,如图 6-9 所示。

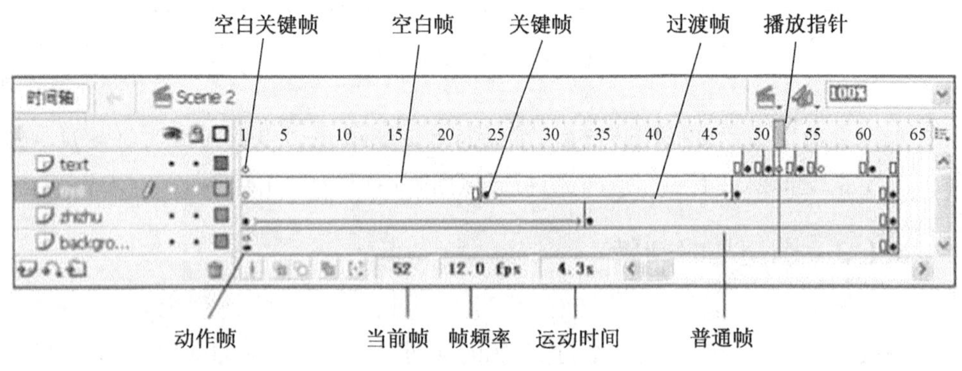

图 6-9 时间轴上的帧

1. 空白帧

空白帧内是空的,没有任何对象,也不可以在其内创建对象。

2. 空白关键帧

帧单元格内有一个空心的圆圈,表示它是一个没内容的关键帧,可以创建各种对象。如果新建一个 Flash 文件,则在第 1 帧会自动创建一个空白关键帧。单击选中某一个空白帧,再按 F7 键,即可将它转为空白关键帧。

3. 关键帧

帧单元格内有一个实心的圆圈,表示该帧内有对象,可以进行编辑。单击选中一个空白帧,再按 F6 键,即可创建一个关键帧。

4. 普通帧

在关键帧的右边的浅灰色背景帧单元格是普通帧,表示它的内容与左边的关键帧内容一样。单击选中关键帧右边的一个空白帧,再按 F5 键,则从关键帧到选中的帧之间的所有帧均变成普通帧。

5. 过渡帧

过渡帧是两个关键帧之间,创建补间动画后由 Flash 计算生成的帧,它的底色为浅蓝色(动作动画)或浅绿色(形状动画)。用户不可以对过渡帧进行编辑。

6. 动作帧

动作帧本身也是一个关键帧,其中有一个字母“a”,表示这一帧中分配有动作脚本。当动画播放到该帧时会执行相应的脚本程序。有关内容将在 6.3 节介绍。

6.2.2　帧的操作

1. 帧的插入

(1)插入普通帧

单击选中要插入普通帧的帧单元格,然后按 F5 键。这时就会在选中的帧单元格中新增加一个普通帧,该帧单元格中原来的帧以及它右面的帧都会向右移动一帧。

(2)插入关键帧

单击选中要插入关键帧的帧单元格,然后按 F6 键或单击帧快捷菜单中的“插入关键帧”命令。

(3)插入空白关键帧

单击选中要插入空白关键帧的帧单元格,然后按 F7 键或单击帧快捷菜单中的“插入空白关键帧”命令。

2. 帧的删除、清除和转换

(1)删除帧

在时间轴窗口中选中要删除的一个或多个帧,然后单击帧快捷菜单中的“删除帧”命令。按 Shift + F5 组合键,也可以删除选中的帧。

(2)清除帧

单击选中要清除的帧,然后单击帧快捷菜单中的“清除帧”命令,可将选中的帧中的内容清除,使该帧成为空白关键。

(3)清除关键帧

单击选中要清除的关键帧,然后单击帧快捷菜单中的“清除关键帧”命令。此时,原关键帧中的内容会被前面的关键帧内容取代。

(4)转换为关键帧

单击选中要转换的普通帧,然后单击帧快捷菜单中的“转换为关键帧”(或“转换为空白关键帧”)命令,即可将普通帧转换为关键帧(或空白关键帧)。

3. 帧的选取

编辑帧以前应先选中要编辑的帧。在时间轴上帧可以用单击或拖选方式选取。对一个图层的所有帧选取可以单击控制区域内的某一图层;选择所有帧可以单击帧快捷菜单中的“选择所有帧”命令。

4. 帧的移动

(1)调整关键帧的位置

用鼠标水平拖曳该帧单元格,即可调整关键帧的位置。如果要调整动画帧的长度,可以先选中起始或终止关键帧,然后调整关键帧的位置。

(2)鼠标移动帧

选中若干帧,用鼠标拖曳选中的帧,可以把它们移到目的位置。

5. 帧的复制和剪切

复制帧和剪切帧的操作方法:选中要移动的帧,单击帧快捷菜单中的“复制帧”(或“剪切帧”)命令,将选中的帧复制(剪切)到剪贴板内,再在时间轴窗口中单击选中一个帧单元格,然后调出“帧”快捷菜单,单击快捷菜单中的“粘贴帧”命令,即可把剪贴板中的若干帧粘贴到时间轴窗口选定的帧内,从而实现复制帧(移动帧)。

6.2.3 元件与实例操作

在制作动画或课件时,一些素材需要反复使用。如果对重复的素材使用一次就绘制一次,会占用很多时间,而且制作出来的作品会占用很大容量。

将素材转换成“元件”后,它将自动存储在库面板中,如图 6 - 10 所示。它可以是图形、影片剪辑、按钮,而声音、位图等素材导入 Flash 后,也将自动存储在库面板中,如图 6 - 10 所示。

将元件放置到舞台工作区上则称为实例,即实际用到的物体。元件可以重复使用,或作为单独个体存在,或与其他元件组成新元件。当元件应用到舞台中成为实例后,两者之间仍然保持镜像关系,即修改元件内容的同时也修改实例内容。元件的好处很多,除减少素材体积大小外,还可以制作出整体变色、变透明等特效。重要的是,只有元件可以执行 Flash8 中的运动变形动画。

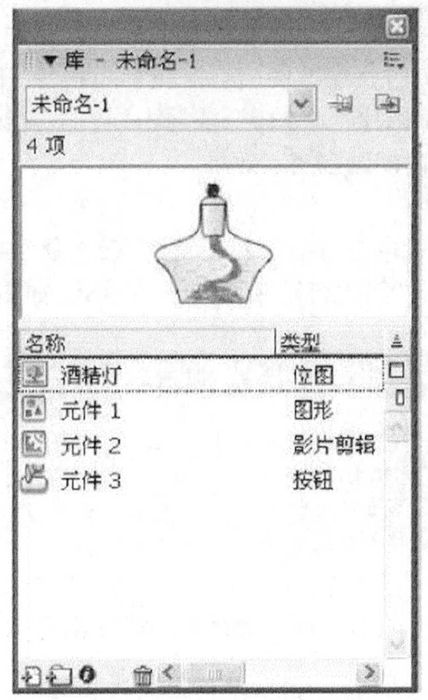

图 6－10　元件与库

1. 元件的分类

元件可以分为图形元件、影片剪辑元件和按钮元件。

(1)图形元件

图形元件可以是矢量图形、图像、声音或动画等。它通常用来制作电影中的静态图形,不具有交互性。声音元件是图形元件中的一种特殊元件,它有自己的图标。

(2)影片剪辑元件

用来制作独立于主影片时间轴的动画。它可以包括交互性控制、声音,甚至其他影片剪辑的实例。也可以把影片剪辑的实例放在按钮的时间轴中,从而实现动画按钮。为了实现交互性,单独的图像也可以做成影片剪辑。用两种元件创建的实例是不同的,影片剪辑实例只需要一个关键帧来播放动画,而图形实例必须出现在足够的帧中。

（3）按钮元件

可以在影片中创建按钮元件的实例。在 Flash 中，首先要为按钮设计不同状态的外观，然后为按钮的实例分配事件（例如，鼠标单击等）和触发的动作。在编辑时，必须单击“控制/测试影片”菜单命令或单击“控制/测试场景”菜单命令，才能在播放器窗口内演示它的动画和交互效果。

2. 创建元件与实例

元件的创建可以通过单击“插入/新建元件”菜单命令或单击“库”面板左下角的“新建元件”按钮，调出“创建新元件”对话框来实现，如图 6－11 所示。

图 6－11 “创建新元件”对话框

创建元件也可以在主场景的舞台中先绘制好图形，然后将其全选，接着按 F8 键弹出一个“转换为元件”对话框。

按 Ctrl＋L 组合键打开库面板，可以看到库面板中已生成了一个命名的图形元件。用鼠标选中库面板中“名称”栏里的元件，可以在位于上方的预览窗口中看到该元件的内容。当元件被拖曳到舞台中应用后，它就不再称为元件，而称为“实例”。一个元件可以创建多个实例，而元件在库中只存储一次。

3. 编辑元件与实例

在创建了若干元件实例后，可能需要编辑修改。元件经过编辑后，Flash 会自动更新它在影片中的所有实例。编辑元件的一般方法是双击“库”面板中的一个元件，调出元件编辑窗口。在舞台工作区内，将鼠标指针移到要编辑的元件实例处编辑即可。元件编辑完后，单击该工作区右上角的按钮，即可回到原舞台工作区。编辑实例，可以利用属性面板改变实例的位置、大小、颜色、亮度、透明度等属性，还可以改变实例的类型，设置图形实例中动画的播放模式等。实例属性的编辑修改，不会造成对相应元件和其他由同一元件创建的其他实例的影响。

6.3 制作动画

6.3.1 编辑图层

在制作一个 Flash 动画时,图层就相当于舞台中演员所处的前后位置,可以根据图形和动画的需要在时间轴中建立多个图层。图层的多少,不会影响输出电影文件的大小。各个图层之间是完全独立的,一般不会出现相互的影响。

图层中除了普通图层外,还有两种特殊的图层,一个是引导层,另一个是遮罩层。引导层就是使物体沿着引导线中的路径来运动,当普通图层与引导层关联后,就成为被引导层;遮罩层也称蒙版层,起到局部显示的特殊效果,普通图层与遮罩层关联后,则成为被遮罩层。

在时间轴中,各种图层通过图层名称左边不同的图标来表示,如图 6 – 12 所示。

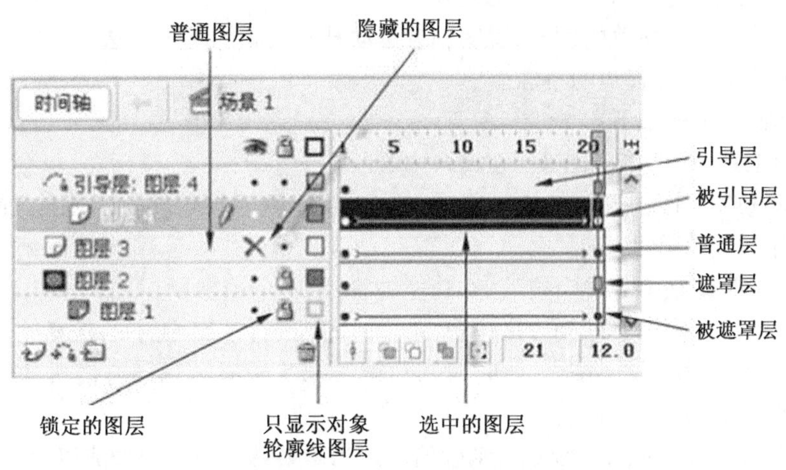

图 6 – 12　各种图层名称

1. 图层的选择

图层的选择就是指选中一个或多个图层中的帧。操作方法是在时间轴窗口中单击图层控制区的相应图层行,此时选中的图层行呈黑底色,并在图层名字的右边出现一个笔状图标。选中多个图层时则按下 Shift 键或 Ctrl 键,同时单击控制区内各相应图层行,即可选中多个图层。

2. 改变图层的顺序

改变图层的顺序时，用鼠标拖曳图层控制区域内的图层，即可将图层上下移动。

3. 编辑、删除图层

编辑、删除图层时，首先选中一个或多个图层，然后单击图标或者拖曳选中的图层到图标上。

4. 复制图层

复制图层就是复制该图层中的帧。操作方法是新建一个图层，选中要复制的帧，单击鼠标右键，在弹出的快捷菜单中选择“粘贴帧”命令，将剪贴板中的内容粘贴到选中图层的各帧中。

6.3.2 运动补间动画

在 Flash8 中运动补间动画可以创建出丰富多彩的动画效果，可以使一个对象在画面中沿直线移动或沿曲线移动，变换大小、形状和颜色，以中心为圆点自转或以中心为圆点旋转，产生淡入淡出效果等。

下面通过一个简单的例子，说明创设运动补间动画的基本方法。

【例 6－1】 走直线的小球。

具体操作步骤如下：

①用工具栏中的椭圆工具，在舞台中绘制一个小球。

②框选或单击图层该帧，全选小球，按 F8 功能键，弹出“转化为元件”面板，命名后得到“小球”元件。

③单击时间轴第 25 帧，按下 F6 功能键，得到一个关键帧。

④拖动舞台中的小球到右边位置，单击时间轴第 1～25 帧中的任意帧，设置属性面板中的“补间”为“动画”，此时时间轴第 1～25 帧显示一条有箭头的线，背景呈淡蓝色，如图 6－13 所示。

⑤按 Ctrl＋Enter 组合键观看动画演示。当需要调整小球快慢或以中心为圆点旋转时，可以分别调整属性面板中的“缓动”和“旋转”选项。当需要变换大小时，单击关键帧，选中对象，改变其大小。当需要改变颜色或产生淡入淡出效果时，单击关键帧，选中对象，在属性面板中选择“颜色”下拉列表中的“色调”或“亮度”。

当需要小球沿特定路径移动时，此时需要使用引导层，如图 6－14 所示。

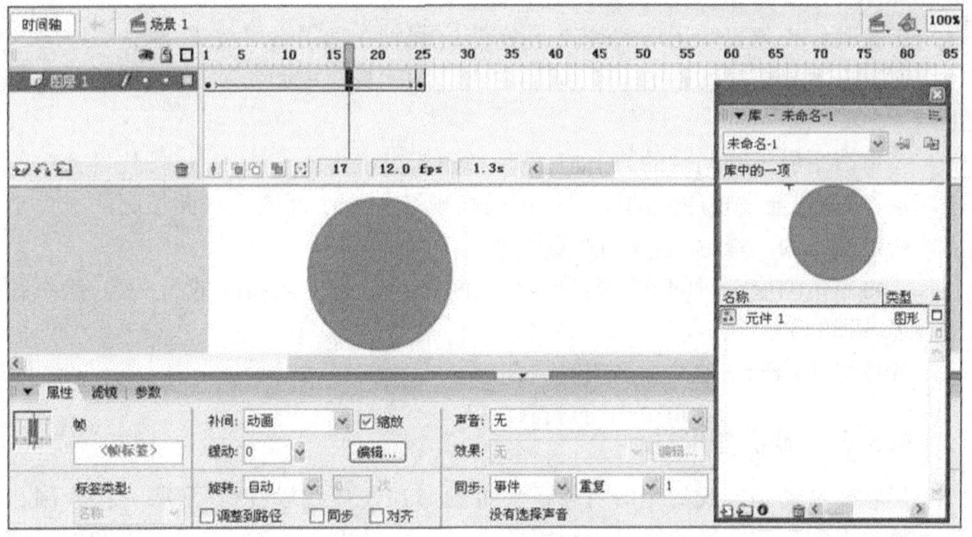

图 6－13　运动动画特征

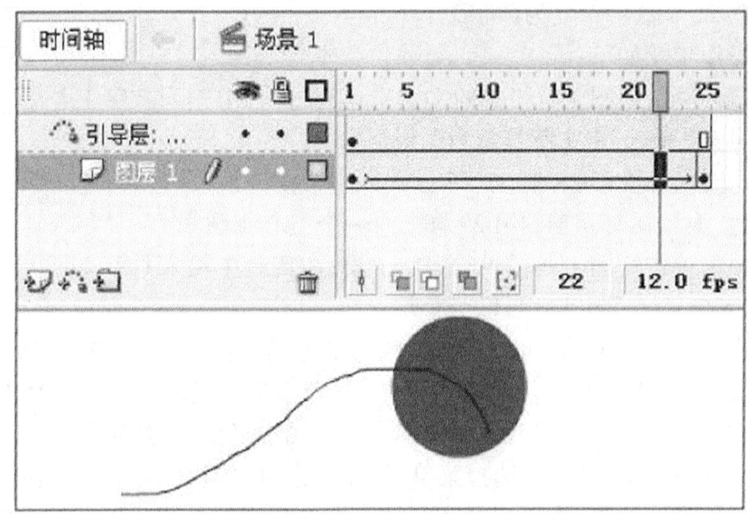

图 6－14　引导层使用

引导层是一种特殊的层，在引导层中可以设计一条曲线路径，然后将此路径与引导层下方的编辑层中的元素串联在一起，这样就可以做出物体沿特定路径移动的动画效果。

具体制作步骤如下：

①在制作小球直线运动的基础上，单击时间轴左边引导层按钮，建立引导层。

②单击引导层时间轴的第1帧，再单击绘图工具栏中的铅笔工具，然后在舞台上画一条曲线。

③单击图层1时间轴的第1帧，然后单击工具栏中的箭头工具，按住舞台中的小球进行拖曳，会发现原先的“+”标记处出现了一个小圆圈。将此小圆圈拖曳至刚才所绘曲线的一端，并使其与端点重合。

④再单击图层1时间轴的第25帧，此时将小球拖曳至曲线的另一端，使小圆圈与另一端的端点重合。

⑤按Ctrl+Enter组合键观看动画演示。

6.3.3 形状变形动画

形状变形动画方式的变形对象是矢量图形和矢量线段，就是那些直接绘制在作品舞台上的各种图形和线段。利用形状变形动画可以使这些矢量图形和矢量线段在形状、颜色、位置上发生任意的平滑变化。

下面通过一个简单的例子，说明创设形状变形动画的基本方法。

【例6-2】 数字1变为数字2。

具体操作步骤如下：

①用鼠标单击绘图工具栏中的文字工具，在舞台中输入数字1，选择菜单栏中的“修改/分离”命令，将文字打散为色块。

②单击时间轴的第25帧，按F7键插入一个空关键帧，这时会发现第1~20帧均变成灰色，而且在时间轴的第25帧处有一个空心小圆圈。

③用鼠标单击绘图工具栏中的文字工具，在舞台中输入数字2，选择菜单栏中的“修改/分离”命令，将文字打散为色块。

④单击时间轴第1~25帧中的任意帧，设置属性面板中的“补间”为“变形”，此时时间轴第1~25帧显示一条有箭头的线，背景呈浅绿色，如图6-15所示。

⑤按Ctrl+Enter组合键观看动画演示。在图形渐变时，如果需要个性化变形，可以在第1帧数字1处，多次选择菜单栏中的“修改/形状/添加形状提示”命令，添加形状提示符号a，b等，重新放置a，b的位置。用鼠标指针指向第25帧处时，数字2已经添加了形状提示符号a，b，经多次调整a，b位置后，按Ctrl+Enter组合键观看动画演示，会有令人满意的效果。

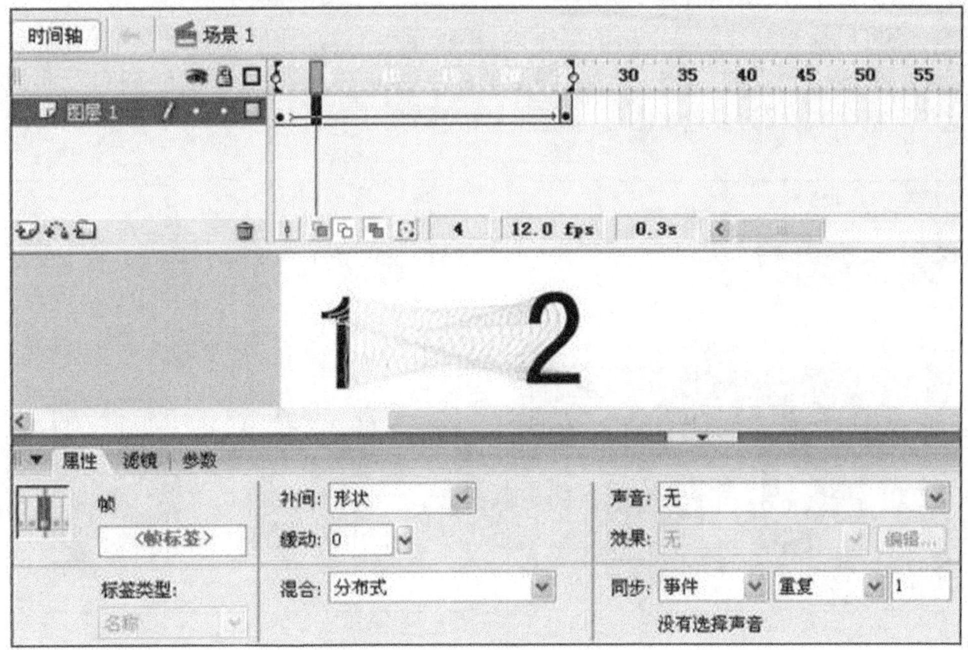

图 6－15　形状变形动画特征

6.3.4　遮罩层动画

所谓遮罩层就是将位于它下面的那一层遮住，在遮罩层上可开出各种各样的“洞”(“洞”可以是矢量图、字符、符号及外部导入的各种素材)，形成挖空区域，挖空区域将完全透明，其他区域都是完全不透明的。

通过挖空区域，下面图层的内容就可以被显示出来，而没有对象的地方成了遮挡物，把下面的被遮罩图层的其余内容遮挡起来。因此，可以透过遮罩层内的对象(挖空区域)看到其下面的被遮罩图层的内容，而不可以透过遮罩层内没有对象的非挖空区域看到其下面的被遮罩图层的内容。通过对遮蔽层和被遮罩层上的对象编辑，使它们做出各种动作，产生令人炫目的动画效果。

下面通过一个简单的例子说明创建遮罩动画的基本方法。

【例 6－3】　文字“竹”的遮罩动画。

具体操作步骤如下：

①创建一个普通图层，并在其上创建一个对象，此处导入一幅图像。

②在选中的普通图层的上边创建一个新的普通图层，在新建的图层上绘制图

形与输入文字,以便作为遮罩层的挖空区域,如图 6-16(a)所示。

③将鼠标指针移到遮罩层的名字处,单击鼠标右键,弹出图层快捷菜单,单击“遮罩层”命令。此时,选中的普通图层的名字会向右缩进,表示已经被它上面的遮罩层所关联,成为被遮罩图层,如图 6-16(b)所示。

(a)

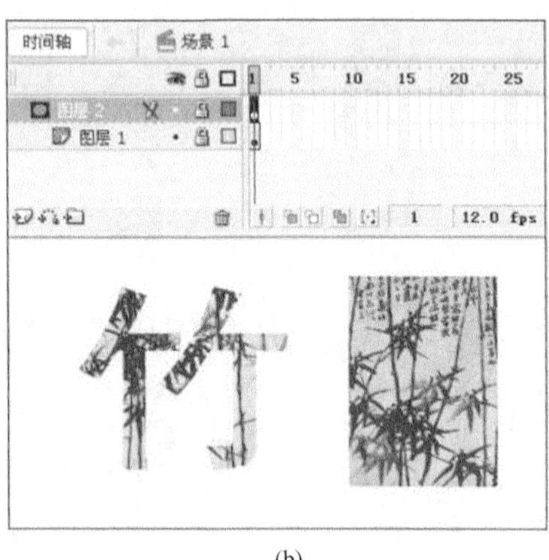

(b)

图 6-16 “遮罩层”的使用过程

在建立遮罩层后,Flash8 会自动锁定遮罩层和被它遮盖的图层,如果需要编辑遮罩层,应先解锁,解锁后就不会显示遮罩效果了。如果需要显示遮罩效果,需要再锁定图层。

如果取消被遮盖的图层与遮罩层的关联,可以选中被遮罩的图层,然后选中“图层属性”对话框中的“一般”单选按钮。

6.3.5 逐帧动画

逐帧动画在 Flash 中的应用也比较常见,逐帧动画的每一帧都由制作者确定,而不是由 Flash 通过计算得到,然后连续依次播放这些画面,即可生成动画效果,如小鸟的飞翔、人的走动等。逐帧动画适合制作非常复杂的动画,Gif 格式的动画就是属于这种动画。与过渡动画相比,通常逐帧动画的文件字节数较大。为了使一帧的画面显示的时间长一些,可以在关键帧后边添加几个与关键帧内容一样的普通帧,如图 6-17 所示。

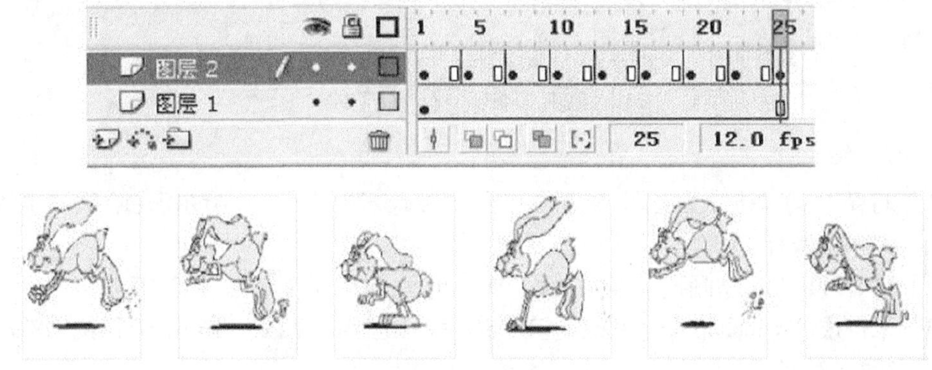

图 6－17　逐帧动画

6.4　播放和导出动画

6.4.1　播放与测试

动画播放与测试 Flash 动画,可以反复看到 Flash 动画作品的制作效果。

执行菜单栏中的"控制/播放"命令或按 Enter 键,即可在舞台窗口内播放该动画。对于有影片剪辑实例的动画,采用这种播放方式不能播放影片剪辑实例。单击"控制/停止"菜单命令或按 Enter 键,即可使舞台窗口内播放的动画停止播放。再单击"控制/播放"菜单命令或按 Enter 键,又可以从暂停处继续播放。

执行"控制/测试影片"菜单命令或按 Ctrl + Enter 组合键,可在播放窗口内播放动画。这种方法可循环依次播放各场景。单击"控制/测试场景"菜单命令,可循环播放当前场景的动画。

6.4.2　导出动画

Flash 导出包括导出图像和导出电影。

1. 导出图像的方法

单击"文件/导出图像"菜单命令,弹出"导出图像"对话框,"文件类型"下拉列表内的文件类型只有图像文件的类型。利用该对话框,可将动画当前帧保存为扩展名为" ＊. jpg"" ＊. gif"" ＊. bmp"等格式的图像文件。

2. 导出电影的方法

单击"文件/导出/导出影片"菜单命令,弹出"导出影片"对话框,利用该对话框选择文件类型和输入文件名,单击"确定"按钮,保存的文件是" ＊. swf"和其他视频文件。

参考文献

[1] 刘春生,李海振,王宝军.交互式电子白板计术开发[M].哈尔滨:哈尔滨工程大学出版社,2015.

[2] 沈昕.Flash 8 动画设计案例教程[M].北京:电子工业出版社,2007.

[3] 朱仁成.Photoshop CS 中文版基础与实用案例[M].西安:西安电子科技大学出版社,2004.

[4] 方其桂.多媒体 CAI 课件制作实例教程[M].北京:清华大学出版社,2005.

[5] 张军征.多媒体课件设计与制作基础[M].北京:高等教育出版社,2004.

[6] 冯建平,邓居英.交互式电子白板与多媒体 CAI 课件制作教程[M].北京:人民邮电出版社,2011.

[7] 邵淑莺.浅谈交互电子白板在物理教学中的应用[J].中国信息技术教育,2010(8):61.

[8] 陈桂芳.计算机辅助教学与课件制作技术[M].北京:人民邮电出版社,2011.

[9] 付鹏飞,张锋伟,孟晓静.交互式电子白板系统的分析与设计[J].中国现代教育装备,2008(10):44-46.

[10] 舒娜,刘著.电子白板下的教学交互行为研究[J].中国现代教育装备,2010(6):23.

[11] 朱广艳.运用交互式电子白板培养师范生教学技能的实验研究[J].中国电化教育,2010(11):15-16.

[12] 陆永来.影响互动式电子白板教学应用的因素探析[J].教育与管理,2011(1):23.

[13] 胡卫星,王洪娟.交互电子白板课堂教学应用的现状分析[J].中国电化教育,2012(06):104-108.

[14] 赵团萌,林雯.基于电子白板的师范生教育技术能力培训——学习情境创设的“五要素"培训模式构建于应[J].中国教育信息化,2012(6):32-33.

[15] 赵建华,周秋怡.基于交互式电子白板的课堂教学过程分析[J].中国电化教育,2011(1):25-26.

[16] 王陆.信息化教育研究中的新内容:互动关系的研究[J].电化教育研究,2008(1):12-13.